ちくま学芸文庫

インド神話

上村勝彦

目次

インド神話——マハーバーラタの神々

まえがき

インドの神話について書くように依頼された時、最初はごく安易な気持でひき受けてしまった。前から神話について興味を持っていたし、仕事の内容も範囲も大体見当がつくように思われたからである。しかし、仕事を始めて、改めて幾つかの参考書にあたってみると、それらがあまり信頼に値しないものであることがわかった。インド神話に関する書は内外に数多く存する。だが、それらの参考書の大部分は、二次的資料を利用して書かれたものである。ひどいものになると、無批判に種々雑多な情報を寄せ集めた結果、一つの神格に関して、伝承を異にする神話を何ら整理することなく、雑然と並べたてただけの場合もある。また、不完全な二次資料に依存したため、一つの伝承の中に他の伝承が混入していることもある。例えば、『マハーバーラタ』という典拠を掲げながら、その間に『マハーバーラタ』の原典にない記事がまぎれこんだり、最悪の場合には、『マハーバーラタ』の原典にあるものとは全く異なる話が紹介されている場合すらあるのである。特にわが国で出版された参考書の中には、不完全な二次資料を更に誤解して紹介しているものもある。つまり、読者は二重三重に誤った情報を提供されていることになる。

すべての参考書が疑わしく思われた時、私は直接原典によるより他に方法はないと考え、『マハーバーラタ』を読み始めた。ヴェーダ諸文献に散見される曖昧模糊とした神話を除けば、この大叙事詩に収められたもろもろの神話は最も古い形を残し、かつ後世に与えた影響も甚大であると思われるからであった。そして、この大叙事詩の中から重要な神話を選び出し、それらを原典に忠実に紹介し、また他の伝承と比較することにより、有名なインド神話を可能な限り網羅しようと試みたのである。こうしてでき上がったものは、豊富な参考書を駆使して作り上げた他書と比べると、はなはだ不細工な体裁のものとなった。しかし、二次的資料によらず原典に直接あたって、及ばずながら自分の足によって歩こうとした努力は認めていただきたい。

しかしながら、インド神話と題するからには、どうしてもヴェーダの神話に触れる必要がある。そこで、序に相当する第一章において、『リグ・ヴェーダ』に出る主要な神々と、ヴェーダ諸文献、特にブラーフマナの神話について概観することにした。その場合、直接原典にのみよるという大原則は脆くも崩れ、辻直四郎博士の卓越した諸業績に負うところ大なることを告白する。特に『リグ・ヴェーダ讃歌』（岩波文庫）と『古代インドの説話』

（春秋社）を随所で参照した。

更にまた、インド神話を語る場合欠くことのできぬ、ヴィシュヌの十化身（アヴァターラ）、就中クリシュナ伝説については、ヴィシュヌ教徒の根本聖典の一つである『バーガヴァタ・プラーナ』を読み、第三、第四章においてその内容を紹介した。このようにすることにより、本書はある程度の体裁を整えたと思う。しかし中心となるのは、あくまで第二章の叙事詩の神話である。

近年、わが国においても神話学が市民権を得るようになった。神話研究が盛んになった大きな理由の一つとして、ジョルジュ・デュメジル、レヴィ＝ストロース、エリアーデ等のめざましい業績が続々と紹介されたことを挙げることができよう。私が神話に傾倒したのも、彼らの著作を読んでからであった。しかし、私は本書において、彼らのうちの誰かの方法論、悪くいえばドグマを採用することはなかった。そうすればより現代に適応したスタイルがとれたかもしれないが、それは私の手に余ることであるし、また流行の方法はいかに華々しく見えても、いつか過去のものとなると考えるからである。従って、本書は何らかの立場から書かれたものではない。ただ、神話研究において極めて大きなウエイトを占めるインド神話を原典にそって紹介し、比較神話研究者にできる限り正確な情報を提供するにとどめたい。

しかし、本書の対象が神話研究者のみでないことはいうまでもない。インド文化に関心を持つ人にも、本書は参考になるであろう。インドの文学や美術などを理解するうえで、神話の知識は不可欠だからである。それから、一般読者の方にも、本書を通じてインド神話の面白さを知っていただけることと思う。

最後に一言おことわりしたい。本書では、単に神々と神的な存在に関する話という意味で「神話」という語を用いている。神話学における何らかの神話の定義を考慮したものではない。従って、「神話」とか「伝説」とかいう言葉がはなはだ漠然と使用されている、という批判は甘んじて受けるつもりである。

なお、本書の出版にあたっては、東京書籍の諸氏に多大なお手数をかけた。特に、寺嶋誠氏が並々ならぬ情熱をもって編集の労をとって下さったことに対し、ここで深謝したい。

上村勝彦

第一章　ヴェーダの神話

一　ヴェーダ文献について

アーリヤ民族が西北インドに侵入した時期は不明であるが、一般に、西紀前一五〇〇年頃のことと想定されている。そして、西紀前一二〇〇年前後には、インド・アーリヤ人の有する最古の文献である『リグ・ヴェーダ』が成立したとされる。

ヴェーダ（veda）とは「知る」という意味の語根（vid-）から作られた言葉で、知識、特に宗教的知識を意味し、その知識を説くバラモン教の聖典の総称となった。ヴェーダ聖典は、西紀前一〇〇〇年以前より現在にいたるまで、インドの知識人たちの精神的支柱となってきた。

ヴェーダはシュルティ（天啓聖典）と呼ばれる。それは誰かに作られたものであるとは考えられず、永遠の過去から存在しているとされる。詩的霊感（ディー）をそなえた聖仙《リシ》（＝詩人《カヴィ》）たちが超越的な状態のうちに、いわば啓示を受けて表現化したものである。詩人たちは特権的瞬間を経験し、その境において神秘力に満ちた言葉を次々と唱える。もちろん、彼らと同じグループに属する聖仙たちが、その言葉を一語も誤ることなく、正確に記憶しなければなるまい。ヴェーダ聖典は現在にいたるまで主として暗誦により伝えられている。ヴェーダの言葉を誤って唱えることは、その神秘力をそこなうことである。そこで、記憶違いを防ぐための安全装置として、多種多様な吟誦法が考案されるにいたった。ヴェーダはこのような過程で「作成」されたために、その表現はしばしばシュール・レアリストの詩作のように難解で、その真意を解明せんとする文献学者たちの努力をあざ笑うかのようである。この傾向は、最も詩的霊感に恵まれた聖仙たちの「作品」である『リグ・ヴェーダ』の讃歌において特に著しい。

ヴェーダ聖典は、『リグ・ヴェーダ』(神々に対する讃歌の集成)、『サーマ・ヴェーダ』(歌詠の集成)、『ヤジュル・ヴェーダ』(祭詞の集成)、『アタルヴァ・ヴェーダ』(呪句の集成)の四種に区分される。また、各ヴェーダを構成する要素は、サンヒター(本集)、ブラーフマナ(祭儀書)、アーラニヤカ(森林書)、ウパニシャッド(奥義書)の四部門に分類される。それぞれの詳細は他書にゆずるが、これらのうち、サンヒター部門は各ヴェーダの主要部分で、マントラ(讃歌・歌詠・祭詞・呪句)の集録である。例えば単に『リグ・ヴェーダ』という時は、通常このサンヒター部門を指す。

二　リグ・ヴェーダの神々

『リグ・ヴェーダ本集』はヴェーダ文献の中でも最古のものであり、おそらく西紀前一五〇〇年から九〇〇年の間に成立した。現存のものは千二十八の讃歌を含む。それは最初期のインド・アーリヤ人の宗教・神話・生活を伝える最も基本的な資料である。

前述のように、『リグ・ヴェーダ』には難解な個所が多く、すでにかなり古い時期に、バラモンの学者ですらその真意を正確に理解することが不可能になっていたようである。しかし、比較的平明な表現を概観して、『リグ・ヴェーダ』の宗教の輪郭を知ることは、それほどむずかしいことではない。

『リグ・ヴェーダ』の宗教は多神教である。神々はデーヴァ（deva）と呼ばれる。これは神を意味するラテン語のデウス（deus）、ギリシア語のテオス（theos）と語源的に対応する。「輝く」という意味の語根 div- から派生し、「輝かしいもの」という意味を持つ。これに対し、神々に敵対する悪魔はアスラ（asura, 阿修羅）と呼ばれる。しかし、最初期においては、アスラは必ずしも悪い意味で用いられてはおらず、デーヴァと異なる性格を有する特殊な神格を指していた。ゾロアスター教において、アスラに対応するアフラ（ahura）が最高神アフラ・マズダーとなり、デーヴァに対応するダエーウァ（daeva）が悪魔の地位に落ちたのは、後代のインドにおける経過と逆であるが、これはザラスシュトラ（ゾロアスター）の宗教改革の結果であろう。

諸民族の宗教において、天空がまず最高神と仰がれたのは、極めて自然のことであった。原始インド・ヨーロッパ人たちも、父なる天を至高の神とした。それは、ギリシアにおいてはゼウス（Zeus）、ローマにおいてはユピテル（Juppiter）として、なおも至高の地位を保った。ゼウスに対応する『リグ・ヴェーダ』の天神ディヤウス（Dyaus）も、デーヴァと同じく、語根 div-（輝く）に由来し、「父なる天」と尊敬をこめて呼びかけられている。しかし、独立のディヤウス讃歌はなく、かつて神界の王座を占めたこともなく、後代ますますその重要性を失うにいたる。

「天空構造をもつ最高存在は、その信仰崇拝からしだいに消え去る傾向をもっている。それは人間から〈遠ざかり〉、天に帰ってゆく、そして閑な神（dei otiosi）となる。[1]……」『リグ・ヴェーダ』における天神ディヤウスは、エリアーデの指摘するこの段階に入っていた。

『リグ・ヴェーダ』において、天神ディヤウスは、常に大地の女神プリティヴィーとあわせて讃えられる（ディヤーヴァー・プリティヴィー）。天神は神々の父とされ、牡牛と呼ばれている。これに対し、地神は母とみなされ、牝牛と呼ばれる。母なる大地の信仰は世界的な拡がりを持ち、またインダス川文明にも地母神崇拝の痕跡が認められるが、『リグ・ヴェーダ』の中ではほとんど天神に従属して現れ、それ以外に、わずかに三詩節よりなる独立讃歌が存するのみである。しかし、大地の女神は後世の神話・文学の中で種々の名で呼ばれ、かなりな程度の役割を演ずるようになる。

『リグ・ヴェーダ』の宗教における最大の神はインドラであり、実に全讃歌の約四分の一が彼に捧げられている。元来、雷霆《らいてい》神の性格が顕著で、ギリシアのゼウスや北欧神話のソールに比較し得るが、『リグ・ヴェーダ』においては、暴風神マルト神群を従えてアーリヤ人の敵を征服する、理想的なアーリヤ戦士として描かれている。中でも、工巧神トゥヴアシュトリの造った武器ヴァジュラ（金剛杵《こんごうしょ》）を投じて、水を塞《せ》き止める悪竜ヴリトラを殺す彼の武勲は、繰り返し讃えられている。このため、彼は「ヴリトラを殺す者」(Vṛtrahan) と呼ばれている。Vṛtrahan は、イランの勝利の神ウルスラグナ (Vərəthraghna) に対応するから、武勇神インドラの崇拝はインド・イラン共同時代にさかのぼる。ただし、イランにおいては、おそらくザラスシュトラの宗教改革の結果、代表的なデーヴァであるインドラは悪魔の列に落とされた。また、インドラの名は、ミトラ、ヴァルナ、ナーサティヤとともに、西紀前十四世紀中葉のミタニ・ヒッタイト条約文に挙げられていることから、小アジア、メソポタミアにまで知られた神であることがわかる。(2)

インドラ（帝釈天） 右手にヴァジュラ（金剛杵）を持っている。南インドの木彫

インドラの悪竜退治は一回きりの「歴史的な」出来事ではなく、周期的に繰り返される。インドラの悪竜退治の神話の根底をなすものは、周期的に繰り返される天地創造神話であると思われる。エリアーデによれば、悪竜ヴリトラは、あらわでないもの、形なきものの象徴であり、天地創造以前に存在するカオスを表すという。(3) インドラは悪竜を殺すことにより、天地開闢のわざを繰り返しているのである。この意味で、インドラはバビロニアの主神マルドゥクに比較され得る。マルドゥクはカオスの海竜ティアーマトを殺して、天地を創造した。かくて、インドラ神話の背後には、しばしば大宇宙の創造・維持に関する意義が潜んでいるとされる。

初期のインド・アーリヤ人たちは、インドラを中心とする何らかの神話を持っていたにちがいない。『リグ・ヴェーダ』の詩人は、当時の人々が常識として知っていたインドラ神話を念頭に置いているようであるが、その断片的で脈絡のない表現から背後の神話を再構成することは容易な業ではない。

例えば、『リグ・ヴェーダ』(四・一八)に、インドラの出生と不遇な青年時代に関する詩が見られる。インドラは母の脇腹から生じたが、母は彼を捨てて去った。彼はトゥヴァシュトリ(工巧神、おそらく彼の祖父、あるいは父)の家で、百頭の牝牛に値する神酒ソーマを飲んでその怒りを買い、また自分の父を殺した。彼はまたヴィシュヌ神の援助を得てヴリトラを殺す。父を殺した彼は神々の同情を失い、不遇のうちに放浪する（後代の神話では水中に隠れる）。彼の妻もつらい経験をする。しかし、その時、鷲がソーマ酒をもたらして、それを飲んで活力をとりもどした彼に黄金時代がおとずれる。

『リグ・ヴェーダ』（四・一八）の謎に満ちた表現から以上のような神話を再構成したのだが、この解釈が正しいかどうかは不明である。大叙事詩『マハーバーラタ』（五・九―一八）のインドラ神話は、疑いもなく『リグ・ヴェーダ』のこの個所を素材にしたものだが、その興味ある物語については後で詳しく検討することにする（第二章、第六話）。

『リグ・ヴェーダ』において最高神であったインドラの地位は、後代になるにつれて下落する。彼は名目上は依然として神々の王とみなされるが、悪魔によってうちのめされ、修行者の苦行におびえてその妨害をするというような、相対的に弱い神となり、世界守護神(loka-pāla) の一つとして東方を守護するとみなされるようになった。彼は仏教文学の中にもしばしば登場し、仏法の守護神の一つとされ、帝釈天と漢訳された。

インドラに次いで重要な神はヴァルナである。しかし、『リグ・ヴェーダ』の中で、ヴァルナに捧げられた独立の讃歌の数はわずか八篇のみであり、他の神々、特にミトラと共有する讃歌三十七篇を加えても、量的にはインドラ讃歌と比較にならない。ヴァルナの名はミトラとともに、西紀前十四世紀中葉のミタニ・ヒッタイト条約文に挙げられているか

ヴァルナとその妻ヴァルナーニー
海獣マカラに乗っている。プリンス・オブ・ウェールズ博物館

ら、メソポタミアにおいても信仰の対象であったことがわかる。ちょうど、天神ディヤウスが初期のインド・ヨーロッパ語族の最高神であったように、ヴァルナはインドとイランに分化する以前のインド・イラン人の最高神であったかもしれない。

インドラが代表的なデーヴァであるのに対し、ヴァルナは典型的なアスラであり、その神性は『アヴェスター』の最高神アフラ・マズダーに対応するとされる。また、ギリシアの天空の神ウーラノスと語源的に関係があるとする説もある。

また、インドラが勇猛な戦士であるのに対し、ヴァルナは宇宙の秩序と人倫の道を支配する司法神である。彼は天則リタ ṛta（『アヴェスター』のアシャ aša に相当）の守護者である。リタによってこそ、天体は正しく運行し、昼夜、歳月は定期的に循環する。ヴァルナはリタを司り、時にその創造者であるとみなされる。リタはまた道徳の法則であり、人間のみならず神々ですら従わねばならぬ道である。それは真実（サティヤ）である。リタの道に従う善人の生活法はヴラタ（誓戒）と呼ばれる。ヴァルナは間諜を用いて、あらゆる時、あらゆる場所で人々の行為を監視し、ほんの少しでもリタにそむく者がいたら、その罪人を捕縄で捕え、腹水病にかからせる峻厳な神である。しかし、この神は悔い改める者に対しては慈しみ深い半面をもあわせ持つ。

ヴァルナは最初から水との関係が深かったが、後に水との結びつきがますます強くなり、ついには単なる水の神、海上の神の地位に落ち、世界守護神の一つとして西方を守護するとみなされるようになる。仏教にとり入れられて水天となった。

ヴァルナと不可分の関係にあるミトラは契約の神であるが、その性格ははなはだ不明瞭である。ミトラ（Mitra）に相当するゾロアスター教のミスラ（Mithra）は軍神、雨神、光明神などの様相をとり、ヴァズラ（インドラの武器ヴァジュラに相当）を持つとされる。西紀後初頭のローマ帝国で広く崇拝されたミトラスはこのミスラに由来するという説がある。しかし、近年、ミスラとミトラスのつながりを疑問視する研究者もいる。

ヴァルナとミトラはアーディティヤと呼ばれる神群の代表者とされる。アーディティヤ神群には、この両神の他に、アリヤマン（款待）、バガ（分配、幸運）、アンシャ（配当）、ダクシャ（意力）などがおり、七神あるいは八神とされるが、後には十二神とみなされた。アーディティヤ神群の母はアディティ（無拘束）と呼ばれる。後代には、アーディティヤは太陽と同義語となった。

ミタニ・ヒッタイト条約文に、インドラ、ミトラ、ヴァルナとともにその名を挙げられる由緒ある神ナーサティヤ、すなわちアシュヴィンは、典型的な双児神である。アシュヴィン双神に捧げられた讃歌数は五十篇以上にものぼる。双神は常に若く美しく、太陽の娘スーリヤーの恋人であり、三輪の車に乗って大空を風のように疾走する。彼らは蜜のしたたる鞭を振って人々を潤し、寿命を延ばし、身体の欠陥を除く。後に、彼らは神々の医師とみなされるようになる。

ジョルジュ・デュメジルのあまりにも有名な三分法において、ヴァルナ、ミトラが第一機能(祭祀と主権)を、インドラが第二機能(戦闘)を代表するのに対し、アシュヴィン双神は第三機能(生産その他)を代表する神とされる。その是非はともかく、アシュヴィン双神がインドラ、ヴァルナと並ぶ重要な神であったことは明らかである。ただし、『アヴェスター』においてアシュヴィン(ナーサティヤ Nāsatya)に相当するナーンハイスヤ Nāṅhaithya は、インドラの場合と同じく、悪魔の列に落とされた。

火の神アグニに対する讃歌の数は、『リグ・ヴェーダ』の約五分の一を占め、量的にはインドラ讃歌に次ぐ。アグニ(agni)は火を意味するラテン語のイグニス(ignis)と語源を同じくする。英語の ignition(点火)などはイグニスに由来する。火はイランにおいてもアータルと呼ばれて信仰の対象となった。

アグニは天上にあっては太陽として輝き、空中においては稲光としてきらめき、地上においては祭火として燃える。あるいは家庭の炉の中で燃え、また森へ行って山火事となる。さらに、アグニは人体の中にも、消化の火、怒りの火、思想の火として存する。万人に共通する火は普遍火(アグニ・ヴァイシュヴァーナラ)と呼ばれ、暗黒を除去する光、心中の

火神アグニ　マドラス国立博物館

霊感の光、詩想の源泉として讃えられる。アグニはそこここにあり、いたるところに存する。唯一なる火が多様に現れ出るという考え方は、後のウパニシャッドにおける一元論と結びつく。

アグニは火中に投じられる供物を神々に運ぶと同時に、神々を祭場へ運ぶ。彼は神々と人間との仲介者であり、神なる祭官である。アグニはまた羅刹（ラクシャス）などの悪魔を焼き払い、人間を危難から守る。

神酒ソーマに対する讃歌の数は、インドラ、アグニに次ぎ、特に『リグ・ヴェーダ』第九巻のすべて（百十四篇）はソーマに対する讃歌よりなる。ソーマ（soma）はヴェーダ祭式で用いられる一種の興奮飲料であり、またその原料である植物の名であり、かつそれを神格化した神の名称である。ゾロアスター教でも同様の飲料を用い、ハオマ（haoma）と呼ばれているから、その起源はインド・イラン共同時代にさかのぼる。

ソーマは神々、特にインドラに愛飲されてその英気を養い、また詩人はソーマを飲んで詩的霊感を高めた。ソーマ液はおそらくアルコール飲料ではなく、幻覚作用をともなう麻薬の一種であったと思われる。『リグ・ヴェーダ』（一〇・一一九）には、ソーマに酔いしれて詩想を得、限りない昂揚感を味わっている男の独白がみられる。また、四・二六―二七には、美しい翼の鷲がソーマを天界から地上にもたらしたことが述べられている。これ

太陽神スーリヤ（日天）　コナーラク、太陽寺

は、後世の、ガルダ鳥によるアムリタ（甘露）奪取の神話につながるものである（第二章、第二話参照）。

自然神の代表的なものは、太陽神スーリヤである。スーリヤは七頭の金色の馬に牽かれた車に乗って天空を馳せる。太陽神はまたサヴィトリ（鼓舞者）とも呼ばれる。サヴィトリに捧げられた美しい一詩節は、後世、最も神聖なものとして読誦され、サーヴィトリーまたはガーヤトリーと呼ばれている。プーシャンも太陽神の特徴をそなえ、その保育力を代表する。しかし、プーシャンの主要なる機能は、道路・牧人・家畜を保護することである。すなわち、道祖神、牧神の特徴が顕著である。

ヴィシュヌは本来、太陽の光照作用を神格化したものと思われる。彼は宇宙を三歩で闊歩すると讃えられる。『リグ・ヴェーダ』においては、ヴィシュヌに対する讃歌数はわずかであるが、後代のヒンドゥー教では最高神の一つとなり、その重要性はいやがうえにも高まる（第三章参照）。

太陽神スーリヤの恋人は暁の女神ウシャスである。その名はラテン語のアウローラと語源的に関係する。多くの美しい讃歌がウシャスに捧げられている。彼女は若くて魅力的な舞姫に喩えられ、太陽に先立って東天に現れ、暗黒を払って生類を目覚めさせる。夜の女神ラートリーはウシャスの姉妹とみなされる。

自然神としては、その他に、雨神パルジャニヤ、水神アーパス、森の女神アラニヤーニー、風神ヴァーユまたはヴァータなどがいる。

ルドラはマルト神群の父であるが、モンスーンの神格化とみなされる。彼はアスラと呼ばれ、恐ろしい弓矢によって人々を殺害するが、その反面ではこよなく恵み深き神とされ、効験ある医薬によって疫病を追い払う最勝の薬師と讃えられる。このルドラは、後のヒンドゥー教でシヴァ神の別名とされ、ヴィシュヌとともに多数の信奉者を擁する最高神となる。

河川の女神はナディーと呼ばれ、シンドゥ（インダス川）、ガンガー（ガンジス川）、ヤムナー川などが讃えられるが、中でもサラスヴァティー川に対する讃歌が群を抜いている。この女神は後に言語の女神ヴァーチュと同一視されて学問・芸術・文芸の守護神となり、仏教にもとり入れられて弁才天となった。

ヤマ（Yama）は最初の人間で、ヴィヴァスヴァット（Vivasvat, 太陽神）の息子とされ、『アヴェスター』におけるウィーウァフウァント（Vivahvant）の子イマ（Yima）に相当する。しかし、『リグ・ヴェーダ』においては、最初に死んで死者の道を発見した点が強調され、死者の王として最高天にある楽園を支配するとみなされる。注目すべきは、ヤマの王国が歓楽に満ちた理想境とされた点である。死者の霊はヤマの使者である二匹の犬に

サラスヴァティー（弁才天） アシュトシュ博物館

水牛に乗るヤマ（右）とヤミー　マドラス国立博物館

導かれてこの楽土に赴き、祖霊（ピトリ）たちとともに楽しく暮らす。後代ではヤマの領土は南方の地下に移り、死の神、死者の審判者となり、仏教にとり入れられて閻魔と音写された。なお、『リグ・ヴェーダ』（一〇・一〇）にある、ヤマとその妹ヤミーとの近親相姦の匂いがする対話は有名である。後のブラーフマナ文献には、ヤマの死を嘆くヤミーにヤマを忘れさせるために、神々が昼夜の別を創ったという神話がみられる（『マイトラーヤニー・サンヒター』一・五・一二）。

祭祀の諸要素が神格化された例として火神アグニ、神酒ソーマを挙げたが、その他に祈禱主神ブリハスパティ（ブラフマナスパティ）に対する讃歌もかなり多い。ブリハスパティは後世、神々の師とみなされるようになる。また、信仰（シュラッダー）、言葉（ヴァーチュ）などの抽象的観念も神格化された。

三　リグ・ヴェーダの創造神話

宇宙創造神話はあらゆる民族の神話において最も基本的なものとされているが、『リグ・ヴェーダ』の主要部分には、明瞭な創造神による宇宙創造は説かれていない。わずかに、インドラあるいはヴァルナが創造神的な役割を果たしたことが推測されるのみである。しかし、『リグ・ヴェーダ』のうちで比較的後期に成立したとみられる若干の讃歌において、宇宙創造に関する見解が説かれている。

第一は、祈禱主神ブラフマナスパティ（ブリハスパティ）を創造者とする説である。ブラフマンは後のウパニシャッド思想においては宇宙の根本原理とみなされるが、『リグ・ヴェーダ』においては、聖なる祈禱の語、讃歌を意味するものと解されている。このブラフマンを司る神がブラフマナスパティであると思われる。ブラフマナスパティは、鍛冶工のようにこの万物を鍛えて造ったと讃えられる（一〇・七二・二）。そこでは、「有は無より生じた」と述べられている。

次に、ヴィシュヴァカルマン（「一切を造った者」の意）を創造者とする説がある。聖仙である彼は、あらゆる方角に眼を持ち、あらゆる方角に腕を持ち、あらゆる方角に足を持つという。彼は天地を創造した時、両腕により、翼で煽いで、それを鍛接《たんせつ》したという（一〇・八一・三）。創造を鍛冶に喩える点ではブラフマナスパティの創造の場合と同じである。それからまた、彼あるいは彼を助けた神々は、ちょうど大工が木材で家を建設するように天地を建造したとも示唆されている（一〇・八一・四）。これらの素朴な創造説とともに、創造と祭式の密接な関係を示す説もみられる（一〇・八一・一、六など）。

後のブラーフマナ文献によれば、ヴィシュヴァカルマンは宇宙の祭式を行ない、全生類を犠牲として供えた後で、彼自身を供えたという。ここに、定期的な祭式は永遠に回帰する宇宙の帰滅と再生の模倣であるという考え方が認められる。後代には、他のより有力な創造者がヴィシュヴァカルマンにとって代わり、彼は単なる工芸・建築の神となり、仏典にもとり入れられて毘首羯磨《びしゅかつま》などと音写された。

次に、創造神が黄金の胎児（ヒラニヤ・ガルバ）として太初の原水の中に孕まれて出現したとする説がある。しかし、その神の名は伏せられたままで、「誰？」という疑問詞で呼ばれている（一〇・一二一・一―九）。この讃歌の最後に、創造神としてプラジャーパティの名が挙げられるが（一〇・一二一・一〇）、その詩節はプラジャーパティが根本神格となったブラーフマナ時代以後に付け加えられたものとみなされる。黄金の胎児はブラーフマナ文献の黄金の卵の先駆とみられ、またその原型は諸民族の創造神話に現れる宇宙卵に対応する。

以上の創造説が一神教的であるのに対し、『リグ・ヴェーダ』（一〇・九〇）の「原人讃歌」（プルシャ・スークタ）は汎神論的であり、他の創造讃歌とは性格を異にする。原人プルシャは万有そのものである。この讃歌によれば、プルシャは千頭・千眼・千足を有し、大地よりも広くそれをおおっている。彼は過去と未来にわたって存するこの一切である。

ところが、この一切の存在は実は彼の四分の一にすぎず、彼の四分の三は天界にある不死者であるという。つまり、四分の一が現象界にあたり、四分の三は本源的実在と考えられる。そして、彼からヴィラージュ（遍照者）が生まれ、ヴィラージュからプルシャが生まれた、という循環発生が説かれる。

神々がプルシャを犠牲獣として祭祀を実行した時、それ（祭祀そのものであるプルシャ）から馬・牛・山羊・羊などが生まれた。そしてプルシャを分割した時、彼の口はバラモン（祭官）となり、両腕は王族となり、両腿はヴァイシャ（実業者）となり、両足からシュードラ（従僕）が生じたという。更に、意から月が、眼より太陽が、口からインドラとアグニが、気息より風が生じ、また臍《へそ》から空界が、頭から天界が、両足から大地が、耳から方位が生じた。このようにして神々はもろもろの世界を形成したという。

ここでは祭主であるプルシャ（後に造物主プラジャーパティと同一視される）が、神々（おそらく彼の子供たち）を祭官として、自分自身を祭供として祭祀を行なう。この祭祀は「最初の軌範であった」と述べられている（一〇・九〇・一六）。すなわち、この原初の祭祀による宇宙創造が、その後のすべての祭祀の原型となったということである。祭式儀礼は天地創造のわざの模倣であり、周期的な儀礼は天地創造の繰り返しであるとするエリアーデの説は、すでに「原人讃歌」において直接的に述べられているのである。

この「原人讃歌」は、世界が巨人の身体から創造されたという巨人解体神話の一例であり、北欧のエッダ神話にある巨人ユミールの解体伝説などと対比される。中国でも、盤古《ばんこ》氏《し》という原人の死体の諸部分から宇宙が生じたとする神話が伝えられている。フレーザーによれば、巨人解体神話は原始諸民族における人身献供の名残りであるという。

なお、この讃歌で、バラモン等の四階級が順次にプルシャの口・腕・腿・足から生じたと説かれていることから、後にこの讃歌はインド社会における四姓制度を権威づけるものとして、バラモンの側で好んで引用された。逆にいえば、この讃歌は四姓制度がある程度確立した時期に成立したと考えられ、『リグ・ヴェーダ』の最も新しい段階に属するとされる。

『リグ・ヴェーダ』(一〇・一二九)にある、「無に非ず有に非ざるもの」を説く讃歌において、宇宙創造説は神話的要素を除去し、深遠な哲学的思索の色彩を帯びる。宇宙の本源を中性の根本原理である「唯一者」に帰するのである。

「その時、無もなく、有もなかった。空界も、その上の天もなかった。何ものが活動したのか。どこで、誰の庇護のもとに? 深くて測り知れぬ水(原水)は存在したのか?

その時、死もなく、不死もなかった。夜と昼との標識もなかった。かの唯一者は、自力により風なく呼吸していた。これより他に何ものも存在しなかった。

太初において、暗黒は暗黒におおわれていた。この一切は光明なき（混沌とした）水波であった。空虚におおわれて顕れつつあったかの唯一者は、熱（タパス、後に「苦行」を意味する）の力によって出生した。

最初に意欲（カーマ、一般に「愛欲」を意味する）がかの唯一者に現れた。これは意（思考）の第一の種子（レータス、一般に「精子」を意味する）であった。詩人（聖仙）たちは熟慮して、有の縁者（起源）を無に見出した。」


このようにして世界の現象界が出現した。神々もこの宇宙創造の後に現れたという。この讃歌は謎のような表現で終わる。


「誰が正しく知る者であるか。誰がここに宣言し得る者か。この創造は何処から生じ、何処から来たのか。神々はこの創造より後である。さすれば、創造が何処から起こったか知るものは誰か？

この創造は何処から起こったのか。誰が創造したのか、あるいはしなかったのか。最高天にあってこの世界を監視する者のみがこれをよく知っている。あるいは彼もまたこれを知らない。」

ここには、神々ですら太初の宇宙創造を目撃したわけではないから、確実なところは誰もわからないという懐疑論的思索が認められる。この讃歌は『リグ・ヴェーダ』の詩人が思弁により到達した一つの頂点を示すものと思われ、かくて一類の知識人たちは神話と訣別して、一路哲学的思索の道を選択することになるのであるが、彼らの知的冒険の足跡をたどることは本書の目的ではない。ここではあくまで神話にとどまることにする。

四　ブラーフマナの創造神話

『リグ・ヴェーダ』の後期に現れた一元論的帰一思想は『アタルヴァ・ヴェーダ』に継承された。そこでは、呼吸（プラーナ）、時間（カーラ）、万有の支柱（スカンバ）、意欲（カーマ）などが根本原理とされ、それらの諸原理はしばしばブラフマン（ウパニシャッドで最高原理となる）や造物主プラジャーパティと関連づけられている。特に、時間がこの万有を出現させたと説かれていることは注目に値する。時間のうちにブラフマンが含まれ、それはまたプラジャーパティの父と呼ばれている。

このプラジャーパティ（「子孫の主」という意）は、ブラーフマナ文献（祭儀書）にいたって最高の創造神となり、神々の父、万物の創造者、全世界の主宰者と呼ばれるようになる。プラジャーパティによる創造神話は多種多様であり、その内容は相互に矛盾している場合が多いが、以下に若干の例を挙げる。

㈠ プラジャーパティは、創造せんと欲して苦行した。彼は地・空・天の三界を創造した後、努力してそれらを熱した。すると、大地からアグニ（火神）が、空界からヴァーユ（風神）が、天界からアーディティヤ（太陽）が生じた。彼が更にそれらを熱すると、アグニから『リグ・ヴェーダ』が、ヴァーユから『ヤジュル・ヴェーダ』が、アーディティヤから『サーマ・ヴェーダ』が生じた。彼が更にこれらの三ヴェーダを熱すると、それらから順次にブール、ブヴァハ、スヴァル（祭祀において重視される聖音）が現れた。（『ジャイミニーヤ・ブラーフマナ』一・三五七）

㈡ 太初において宇宙は実に水であった。水波のみであった。水は繁殖しようと欲して、努力苦行して熱力を発した。その時、黄金の卵が出現した。一年後にこの黄金の卵からプラジャーパティが生じた。その一年後に、彼は語ろうと欲して「ブール」と言い、それが大地となった。「ブヴァハ」と言い、それが空界となった。「スヴァル」と言い、それが天界となった。彼はそれらから五つの季節（春・夏・雨季・秋・冬）を創った。彼は更に子孫を欲して努力し、神々やアスラ（阿修羅）を創造し、そして昼夜の別ができた。（『シャタパタ・ブラーフマナ』一一・一・六・一―一一）

㈢ プルシャすなわちプラジャーパティは、繁殖せんと欲して努力苦行し、最初にブラフマンすなわち三ヴェーダ学を創造した。彼は言語（ヴァーチュ）すなわち水を創造した。彼は三ヴェーダ学とともに水に入り、それから卵が現れた。それから最初にブラフマンすなわち三ヴェーダ学が創られた（ブラフマンの二回目の出生）。（『シャタパタ・ブラーフマナ』六・一・一・八―一〇）

ウパニシャッド思想において最高原理となるブラフマンも、ここではプラジャーパティの創造物の一つと考えられていたが、次第にブラフマンの重要性が増すにつれて、プラジャーパティはブラフマンに依存するものとみなされ、ブラーフマナ文献の新層では、ブラフマンによる宇宙創造が説かれるにいたった。「太初においてはこの宇宙は実にブラフマンであった。それは諸神を創った。……」（『シャタパタ・ブラーフマナ』一一・二・三・一―六その他）

そして、ウパニシャッド時代になって、アートマンがブラフマンと並ぶ最高原理の地位につくと、アートマンからの世界創造が説かれるようになった(4)。ウパニシャッド文献には多種多様の創造神話があり、それらにここで言及する余裕はないが、非常に興味ある一神話のみをとり上げて紹介することにする。

この一切はプルシャ（原人）の姿をとったアートマンのみであった。彼はあたりを見まわしたが、自分以外のものを何も見出さなかった。彼は最初に、「ここに私がいる」と言った。それゆえ、彼は「私」という名になった。だから今日でも、たずねられたら人は「私は……」と最初に言ってから他の名前を告げるのである。

彼は恐怖した。だからして、独りでいる者は恐怖するのである。しかし、誰も他にいないのだから恐れる必要はないと考え、彼の恐怖はおさまった。

しかし彼は楽しくなかった。だからして、独りでいるものは楽しくないのである。彼は第二のものを欲した。彼は男女をあわせただけの大きさであった。そこで彼は自己を二等分した。それから夫と妻とが生じた。かくて空虚は妻によって満たされた。彼は彼女を抱き、それから人類が生まれた。

彼女は考えた。――彼は自身から私を生んだのに、どうして私を抱くのか？　よし、私は隠れよう。

そこで彼女は牝牛になった。しかし彼は牡牛になって彼女を抱き、それから牛たちが生まれた。

同様にして彼らは家畜たちを作り、更に神々をはじめとする一切のものを創造する。

(『ブリハド・アーラニヤカ・ウパニシャッド』一・四)

五　ブラーフマナの神話

『リグ・ヴェーダ』の暗示的表現から、当時の人々が何らかの神話を持っていたことが推察される。それらの神話が人々にとって周知のものであったからこそ、詩人たちはかくも飛躍的な表現を駆使し得たのであろう。しかし、時代が下るにつれて、『リグ・ヴェーダ』の背景となる神話は次第に忘れられていった。そこで、知識人たちはそれらの神話を再構成する必要に迫られ、ある程度首尾一貫した物語を制作するようになった。ブラーフマナ文献中に散見される神話はその種のものである。ブラーフマナはヴェーダ祭式の規定とその解釈を主要なる目的とするが、その間に、祭式と連関させて種々の神話を説くのである。

この場合、ブラーフマナの作者が真に『リグ・ヴェーダ』の背景となる神話を知悉していたのか、あるいは『リグ・ヴェーダ』の暗示に富む表現から逆に新しい神話を創作したものか、定かではない。いずれにせよ、より一貫した筋の物語をめざしたのであり、文献上ではブラーフマナにいたって初めて神話らしい神話が現れたといい得る。

ブラーフマナの神話は『リグ・ヴェーダ』と後代のヒンドゥー教の神話とを結びつけるものとして重要である。辻直四郎博士はそれらの神話のうちの主なものを訳出された(『古代インドの説話』、春秋社)。ここでは、それらの中でも、後代の文学に特に多大な影響を与えたものをいくつか選んで紹介することにする。それにともなって、後代の叙事詩その他の文献に現れた神話に言及したい。また、逆に、第二章でヒンドゥー教の神話を紹介する際に、さかのぼってブラーフマナの神話に言及する場合もある。

(一) 洪水伝説

ある日の朝、人祖マヌが水を使っていると、一匹の魚が彼の手の中に入った。その魚は、洪水が起こって生類を全滅させるであろうと予言し、その時にマヌを助けるから自分を飼ってくれと頼んだ。マヌは言われた通りにして魚を飼った。その魚は大きくなり、マヌはそれを海に放った。その際、魚は洪水が起こる年を告げ、その時には用意した船に乗って自分から離れずに来るようにと言い残した。果たせるかな、魚が予告した年に洪水が起こった。マヌが船に乗ると、魚が近づいて来たので、マヌはその角《つの》に船をつないだ。魚は北方の山（ヒマーラヤ）でマヌを下ろした。マヌは魚に言われたように、水がひくに従って少しずつ下に降りた。その場所は「マヌの降りた所」と呼ばれている。洪水はすべての生類を滅ぼし、この地上にマヌだけが残った。

マヌは子孫を欲して苦行し、祭祀を行なってギーなどの乳製品を水中に供えた。一年たつと、それから一人の女が現れた。ミトラとヴァルナの両神が彼女に出会い、「汝は誰か」とたずねた。「マヌの娘です」と彼女は答えた。両神は自分たちのものになれと言ったが、彼女は「私を生んだ者に属する」と告げて立ち去り、マヌのもとに来た。マヌが「誰か」とたずねると、彼女は「あなたの娘です」と答えて、祭祀の時に自分を利用するようにと勧めた。マヌは子孫を欲して、彼女とともに讃歌を唱え、苦行を続けた。彼は彼女によってこの子孫（人類）を生んだ。（『シャタパタ・ブラーフマナ』一・八・一・一―一〇）

マヌもヴィヴァスヴァット（太陽神）の子とされ、ヤマと同一視されることがある。このマヌと洪水の神話は叙事詩『マハーバーラタ』三・一八五や、種々のプラーナ文献にとり入れられている。『マハーバーラタ』のものは大体同じ筋であるが、そこでは魚はブラフマー神（梵天）であり、マヌに生類を創造するようにと告げる。後代、ヴィシュヌ信仰が盛んになると、この魚はヴィシュヌの化身（アヴァターラ）とみなされる（第三章、第三節参照）。

この洪水伝説は旧約聖書のノアの箱舟を連想させる。それはまた、バビロニア、更にはシュメールの洪水伝説にさかのぼる。洪水伝説はギリシアや北アメリカ大陸にもあり、その他、チベットやネパールなど世界各地の神話に見出されている。

（二）　天女ウルヴァシー

アプサラス（水の妖精）のウルヴァシーは、イダーの息子プルーラヴァスを愛して結婚した。結婚する時、彼女は言った。

「一日に三回、竹の棒（男根）で私を突きなさい。ただし私が望まぬ時には近づいてはなりません。また、あなたの裸身を私に見せないで下さい。」

やがて彼女は身籠った。するとガンダルヴァ（半神族の一種）たちは、彼女を自分たちのもとにつれもどそうと考えて、彼女が可愛がっていた仔羊を奪った。続いて二匹目の仔羊が奪われようとした時、プルーラヴァスは妻のくやしがる声を聞いて、あわてて裸のままでとび出した。すかさず、ガンダルヴァたちが稲妻を光らせたので、ウルヴァシーは夫の裸身を見てしまい、それきり姿を消した。

残されたプルーラヴァスは深く嘆き悲しみ、方々探しまわっているうちに、とある蓮池に出た。その池で、アプサラスたちは水鳥の姿をとって泳いでいた。ウルヴァシーは仲間のすすめで彼の前に姿を現した。彼は「行かないでくれ。話しあおう」と頼んだが、妻の返辞はつれないものであった。あなたは約束を守らなかったから、私をひきとめることはできない、早く家にお帰りなさい、という意味のことを彼女は言った。しかし、彼が、首を吊って死んで狼にでも食われてしまうと言うので、彼女も情にほだされてこのように告げた。

「今から一年後の夜に来て、私と一夜をともにしなさい。その時には私のおなかの子も生まれているでしょう。」

一年後の夜、プルーラヴァスがそこに来てみると、黄金の宮殿を見出した。彼がその中に入ると、ウルヴァシーがいて彼に告げた。

「明朝、ガンダルヴァたちがあなたの願いごとを一つかなえてくれるでしょう。何か願いごとを言いなさい。」

「何を願ったらよいのか？」

「あなた方の仲間に入れてもらいたい、と答えなさい。」

翌朝、プルーラヴァスが教えられた通りに告げると、ガンダルヴァたちは、

「この神聖な祭火で祭祀を行なえば、あなたは我々の仲間になれる。」と言って、ウルヴァシーの生んだ彼の息子とともに、祭火を祭盤に入れて彼に手渡した。ある森の中に火を安置し、いったん息子とともに村に帰ってから、彼が再びその森にひき返してみると、火は消え失せていて、火の代わりにアシュヴァッタという聖なる樹があった。彼がガンダルヴァたちにこのことを報告すると、彼らはアシュヴァッタ樹を擦りあわせて神聖な火を作る方法を教えた。そこで彼は教えられた通りに神聖な火を作って祭祀を行なったので、ガンダルヴァ族の一員に加えられることとなった。(『シャタパタ・ブラーフマナ』一一・五・一)

アプサラスはすでに『リグ・ヴェーダ』にも登場する水の妖精で、天女の一種である。また、ガンダルヴァ(gandharva)は、『アヴェスター』のガンダレーウァ(gandareva)に相当する古い半神で、天界の神酒ソーマの番人とされる。後世、インドラ神の宮廷に仕える天上の音楽師とされ、仏教にもとり入れられて、漢訳仏典では乾闥婆《けんだつば》と音写される。プルーラヴァスとウルヴァシーの恋愛は、『リグ・ヴェーダ』(一〇・九五)に対話の形式で物語られ、このブラーフマナの神話の中にも、『リグ・ヴェーダ』の数詩節が巧みに引用されている。『リグ・ヴェーダ』とブラーフマナとの関係を示す好例であるが、この

天上の半神ガンダルヴァ（乾闥婆）のカップル　アイホーリ、ドゥルガー寺

場合でも、『リグ・ヴェーダ』の詩人がこのブラーフマナと同様の神話を念頭において詩作したものか、あるいはブラーフマナの作者が『リグ・ヴェーダ』の詩的表現から新たな散文の物語を創作したものであるか、そのいずれとも断定しがたい。

この神話はわが国の羽衣伝説に相通じるもので、人間と天女との禁じられた恋をテーマとしている。他の神人結合の説話と同じように、この場合でもタブー（男が裸身を見せてはならぬこと）が設けられ、そのタブーが破られたために恋の破局が訪れることとなる。ただし、最後に方便（人が天人となる）を設けることによりハッピーエンドに終わる点が極めてインド的であり、後代のインドの物語の典型となっている。インド人はこの種の物語を好み、後に多くの類似の物語が作られたが、とりわけこのウルヴァシー神話はあらゆる時代に愛好され、幾多の文献にさまざまな形で伝えられている。就中、文豪カーリダーサの戯曲『ヴィクラマ・ウルヴァシーヤ』は、この神話を世界的に有名なものとした⑸。

（三）　山の翼を切ったインドラ

山々はプラジャーパティ（造物主）から最初に生まれた息子であったが、翼を持ち、自由に飛びまわっていた。そのため大地は安定を欠いた。そこでインドラ神は山々の翼を断ち切って、大地を安定させた。翼は雲となった。それゆえ、雲はいつも山のまわりを漂う。

（『マイトラーヤニー・サンヒター』一・一〇・一三）

太古、山が翼を持っていたが、インドラがその翼をヴァジュラで断ち切ったという神話は、後代の文学作品の中でもしばしば話題にされている。ヒンドゥー教の神話によれば、ヒマーラヤとメーナー（あるいはメーナカー）の息子であるマイナーカ山だけは、海中に飛びこんで難を逃れたといわれる。叙事詩『ラーマーヤナ』（五・一）には、その際、風神ヴァーユがマイナーカを助けたので、後にマイナーカがヴァーユの息子である神猿ハヌマットを援助するというエピソードがのっている。

（四）　三都を破壊するシヴァ

アスラ（阿修羅）たちは鉄・銀・金よりなる三つの城塞を持っていた。神々はそれらを包囲して攻略しようとした。神々は矢を作り、アグニ（火神）を鏃《やじり》とし、ソーマ（神酒）を穴とし、ヴィシュヌ（毘紐天）を棹とした。そして家畜の主であるルドラが矢を放ち、三つの城塞を破壊して、これらの世界からアスラたちを駆逐した。ゆえに、敵を駆逐するために、ウパサッド（「包囲」の意）という祭式を行なうのである。（『タイッティリーヤ・サンヒター』六・二・三・一―二）

三つの城塞は、アーリヤ人の敵であった先住民の砦を象徴するといわれる。そして、この神話は、ウパサッドという祭式の起源と結びつけられている。しかしこの神話で最も注目すべきは、後のヒンドゥー教で最高神の一つとなるルドラ（シヴァ）が主要な役割を演じている点である。そしてまた、ここには、シヴァと並んで最高神となるヴィシュヌも登場する。すなわち、この神話は、ヴェーダ神話からヒンドゥー教神話へ移る過渡的段階を示しているのであり、シヴァ神の重要性が次第に高まっていく時期に成立したものと思われる。

この神話は、ヒンドゥー教においては、三都（トリプラ）の破壊の物語として発展する。叙事詩『マハーバーラタ』におけるこの物語の梗概は以下のごとくである。

悪魔たちは神々と戦って敗れた。悪魔ターラカの三人の息子であるターラカークシャ、カマラークシャ、ヴィドゥユンマーリンは、激しい苦行を行なって梵天（ブラフマー神）を満足させて、望みをかなえてもらえることとなった。彼らは不死を望んだが、それはかなえられず、何か他のことを願えと告げられた時、次のような願望を言った。「あなたの恩寵により、我々は三つの都市に住んでこの世界を支配できますように。しかし、千年たつと、我々はお互いに会し、この三都も一つになるでしょう。そして、その三都を一矢でもって貫けるような最高の神が我々を殺すでしょう。」

梵天はその願いをききとどけた。彼らは喜び勇んで、偉大な建築家である阿修羅マヤに頼み、金・銀・鉄でできたすばらしい三つの都市を建設してもらった。金の都市は天界に、銀の都市は虚空に、鉄の都市は地上に建てられ、それぞれターラカークシャ、カマラークシャ、ヴィドゥユンマーリンによって治められた。これら三人の魔王たちは、すぐに三界を征服して、このうえなく高慢になり、世界中の人々を苦しめた。シャクラ（インドラ）はマルト神群を従えてこれらの三都を攻めたが果たせず、梵天のところに行って相談した。梵天も彼らの暴虐にはもはや我慢できなくなり、それらの都城を一矢でもって貫き得る者はスターヌ（シヴァ神）しかいないと告げた。

そこで神々はシヴァ神に庇護を求めた。神々はシヴァを讃美し、梵天も彼に悪魔たちを殺すようにと請願した。シヴァは言った。

「私も彼らを殺すべきだと思う。しかし私一人では、あの神々の敵を殺すことはできない。そこであなた方はみな団結して、それに私の武器とエネルギーとを加えて、敵を滅ぼそう。」

神々は答えた。

「彼らは我々の二倍のエネルギーと力とを持っている。我々はすでに彼らの力を知っているのだ。」

シヴァは言った。

「あの悪党どもは何としてでも殺さねばならぬ。私のエネルギーと力の半分により（つまり、神々の力にシヴァの力を加えて）敵どもを全滅させなさい。」

神々は答えた。

「我々はあなたのエネルギーの半分を支えることはできない。あなたが我々みなの力の半分によって敵どもを殺して下さい。」

シヴァは承知し、すべての神々から半分の力を得て、エネルギーにかけて並びなきものとなり、あらゆるものよりも強力となった。それ以来、シャンカラ（シヴァ）はマハーデーヴァ（偉大な神）と呼ばれるようになる。

マハーデーヴァは神々に、悪魔たちを殺すための戦車と弓矢を用意してくれと頼んだ。そこで神々は、ありとあらゆる神々や神的なものを材料にして戦車と弓矢を作った。特に矢は、ヴィシュヌとソーマ（神酒）とアグニ（火神）とを用いて作られた。シヴァはその矢に激しい憤怒をそそぎかけた。それから彼は戦車に乗りこみ、梵天に御者の役を頼んで、三都へ向かった。彼が弓をとって近づくと、三都は一つに合体した。彼はそれを一矢で貫

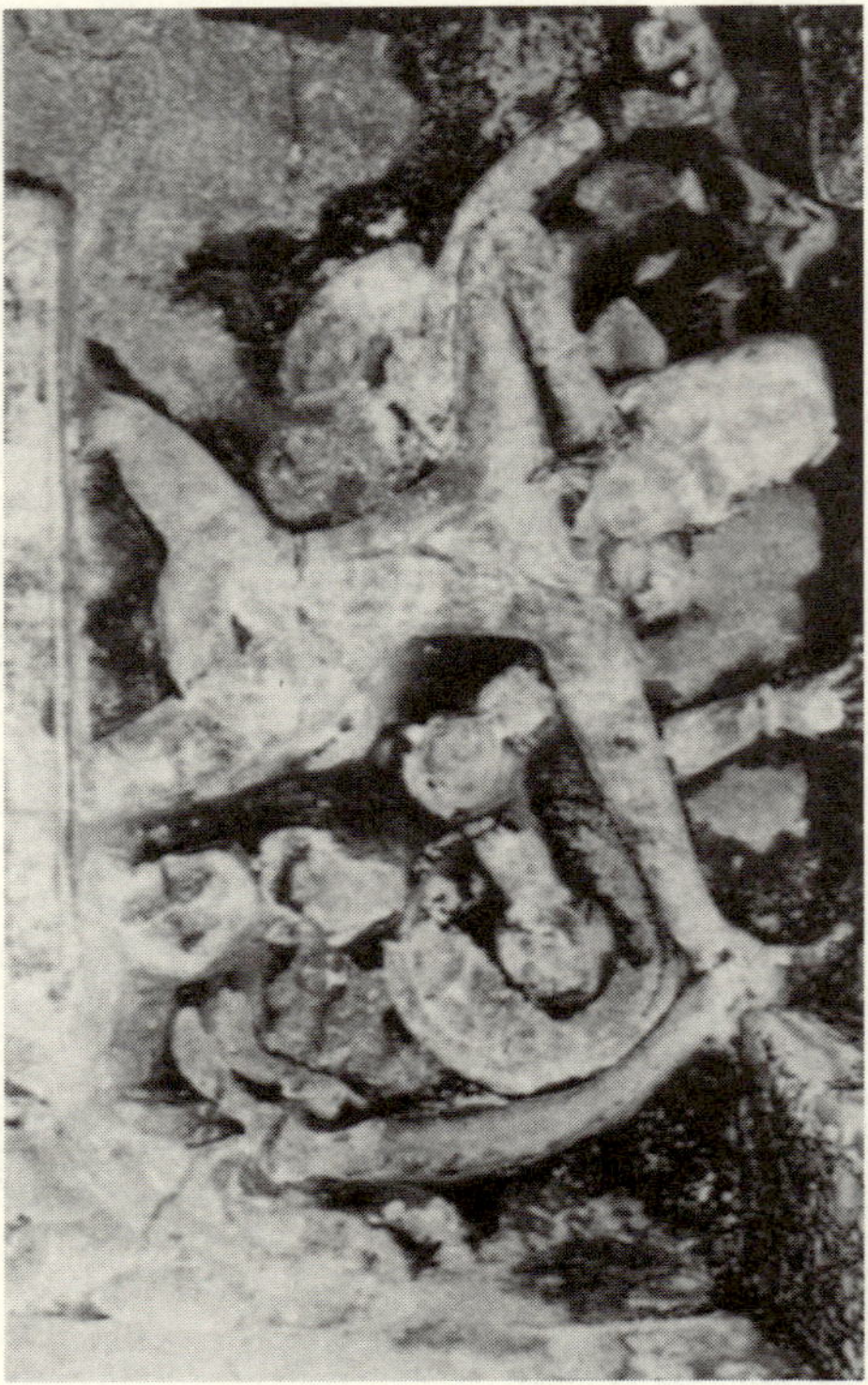

三都を破壊するシヴァ　エローラ第15窟

いて、悪魔もろとも三都を焼き尽くした。(『マハーバーラタ』八・二四)

この神話は後に多くのプラーナ文献にとり入れられ、多少形を変えて伝承された。そして、三都を破壊するシヴァ神の像は、彫刻作品として数多く残っている。

*

以上、ブラーフマナの神話として、特に有名なものを四篇だけ選んで紹介した。ルドラ(シヴァ)の活躍する三都の破壊の神話をもって一応ブラーフマナの神話を終え、次にいよいよ本書の中心であるヒンドゥー教の神話に移ることにする。他のブラーフマナ神話については、前述のごとく、ヒンドゥー教の諸神話の起源を検討する際に、さかのぼって言及する場合もあろう。

(1) エリアーデ『聖と俗』風間敏夫訳、法政大学出版局、一一二頁。
(2) 辻直四郎『インド文明の曙』岩波書店、二八頁を参照されたい。
Cf. P. Thieme, 'The "Aryan" Gods of the Mitanni Treaties', *JAOS*., 80, 1960, p. 301.
(3) エリアーデ『永遠回帰の神話』堀一郎訳、せりか書房、三一頁。
(4) 服部正明『古代インドの神秘思想』講談社、一〇四—一〇五頁を参照されたい。

（5）この神話とその伝承、およびカーリダーサの戯曲については、田中於菟弥『酔花集』春秋社、一九七一二一三頁、大地原豊訳『公女マーラヴィカーとアグニミトラ』（岩波文庫）を参照されたい。

第二章　叙事詩の神話

序

西紀前五、六世紀になると、仏教やジャイナ教が興隆して、バラモン教の勢力は、それ以前と比較して相対的に弱くなる。しかし、その時期は定かでないが、やがてバラモン教は民間信仰を吸収して、いわゆるヒンドゥー教として華々しく復興し、今日にいたるまでインドの国教的地位を保ち続けてきた。ヒンドゥー教といっても、バラモン教をはじめとし、仏教、ジャイナ教までを含めたインドの宗教全体を指す場合もあるが、本書でヒンドゥー教という語を用いる時には、バラモン教の発展的形態としての狭義のヒンドゥー教を指す。

ヒンドゥー教の主神はシヴァとヴィシュヌとブラフマー（梵天）の三大神である。特に前の二神は絶大な信仰の対象となり、それぞれシヴァ教とヴィシュヌ教というヒンドゥー教の二大流派における最高神となった。

シヴァは『リグ・ヴェーダ』のルドラと同一視され、ハラ、シャンカラ、マハーデーヴァ、マヘーシュヴァラ（大自在天）などの別名を持つ。彼はまた、かつて世界の滅亡を救うために猛毒を飲み、青黒い頸をしているので、ニーラカンタ（青頸《しょうきょう》）と呼ばれ、また、世界を破壊する時に恐ろしい黒い姿で現れるので、マハーカーラ（大黒）と呼ばれる。そして、舞踊の創始者ということでナタラージャ（「踊り手の王」の意）とも呼ばれ、後世、彼の踊る姿を描いた彫像が盛んに造られた。彼はまたパシュパティ（獣主）とも呼ばれるので、後にパーシュパタ（獣主派）というシヴァ教の一派が形成された。

シヴァは天上から降下したガンガー（ガンジス）川を頭頂で支え、またその頭に新月を戴き、三叉の戟《げき》を手にする。彼は山に住み、常にヒマーラヤ山中で苦行する。そして、額に第三の眼を持ち、そこから発する火焰で愛神カーマを焼き殺す。彼はまた牡牛ナンディンを乗物とする。

シヴァ神の妃はパールヴァティー（「山の娘」の意）である。彼女はヒマーラヤの娘で、ウマー、ガウリー、ドゥルガーなどとも呼ばれる。彼女が血なまぐさい狂暴な姿をとる時は、カーリーと呼ばれる。軍神スカンダ（韋駄天）と象面のガネーシャ（聖天）は、シヴァとパールヴァティーの息子といわれる。

一方ヴィシュヌは、すでに『リグ・ヴェーダ』に登場するが、元来、太陽の光照作用を神格化したものとみられる。シヴァが山岳と関係あるのに対し、ヒンドゥー教におけるヴィシュヌは海洋と縁が深い。彼は大蛇（シェーシャ竜）を寝台として水上で眠る。ブラフ

踊るシヴァ（ナタラージャ）　ニューデリー国立博物館

聖牛ナンディン　エローラ第15窟

ヴィシュヌ　ニューデリー国立博物館

ブラフマー（梵天）　バッタンバン

ヴィヤーサ仙　オックスフォード、インド研究所

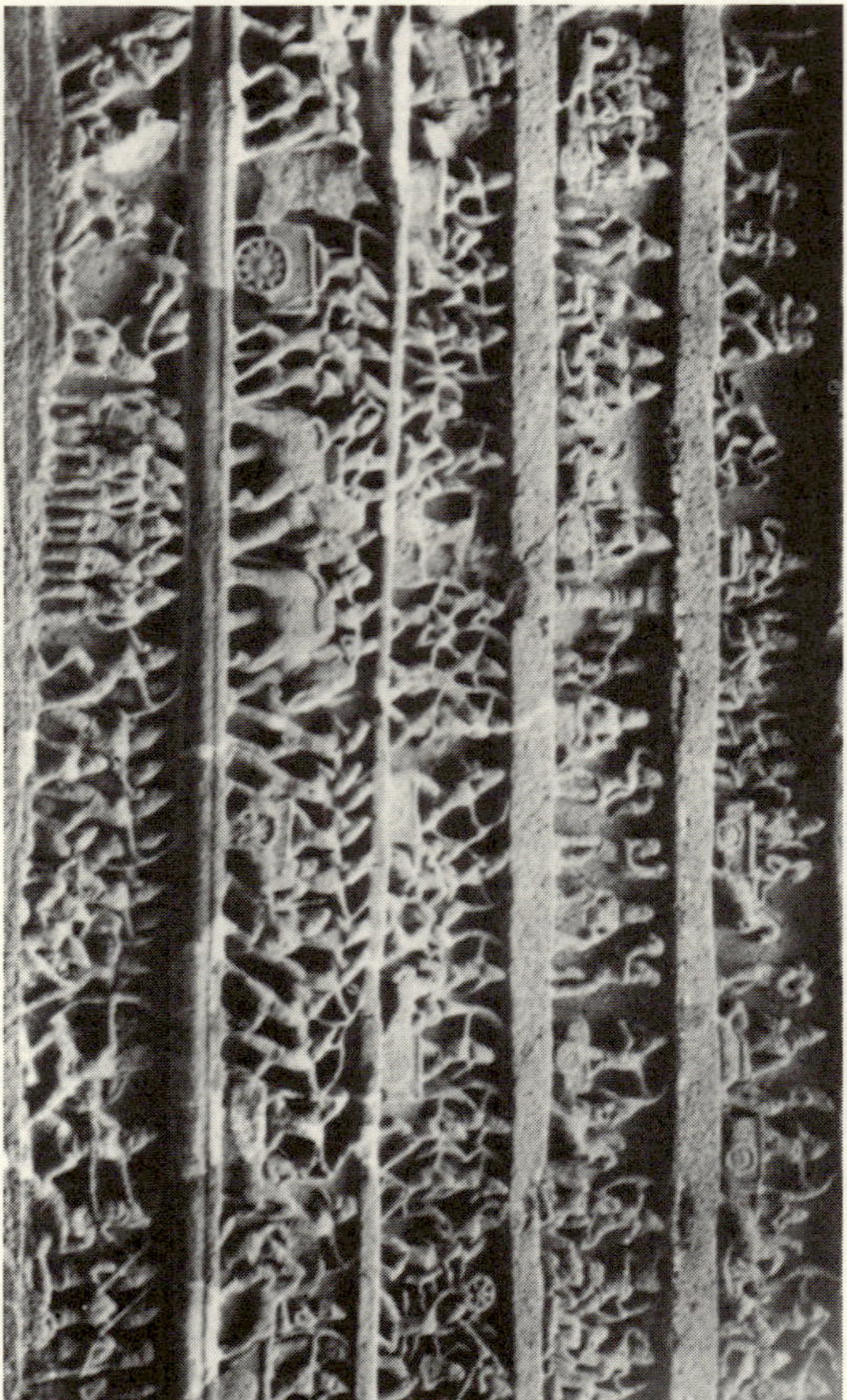

叙事詩『マハーバーラタ』の浮彫　エローラ第16窟

マー（梵天）はその臍に生えた蓮花から現れたといわれる。後代になると、ヴィシュヌ神話が整備されて、ヴィシュヌの化身（アヴァターラ）が列挙されるようになる。クリシュナ、ラーマ、ブッダなども化身のうちに数えられる。

ヴィシュヌの妃はシュリー・ラクシュミー（吉祥天女）である。太古、ヴィシュヌ神が音頭をとって海底から不死の飲料アムリタ（甘露）を得た際に、海中から出現したシュリーを妃としたものである。

ブラフマー（梵天）はウパニシャッドの最高原理であるブラフマン（中性形）を神格化したものである。ブラフマンからの宇宙創造説が有力になるに従って、抽象的な思考になじまぬ人々は、この中性原理を人格神に変える必要を感じたものであろう。かくてブラフマー（中性原理と区別するために男性形を用いる）は造物主（プラジャーパティ）とみなされ、仏教の興起した頃には、世界の主宰神、創造神と一般に認められるようになっていた。

しかし、シヴァとヴィシュヌの信仰が高まるにつれて、ブラフマーの地位は下がり、両神のうちのいずれかの影響下で宇宙を創造するにすぎぬと考えられるようになった。ブラフマーは両神のように幅広い信仰の対象となることはなかった。後代になると、宇宙の最高原理がブラフマーとして世界を創造し、ヴィシュヌとしてそれを維持し、シヴァとしてそれを破壊するというような、三神一体（トリムールティ）の説が述べられるようになった。

ヒンドゥー教の代表的な文献は、二大叙事詩、『マハーバーラタ』と『ラーマーヤナ』である。両者とも現在のような形にまとまったのはかなり後代のことで、西紀後四〇〇年頃であろうと推定されているが、その原形が成立したのはそれよりもはるか以前にさかのぼることは確実である。

『マハーバーラタ』は十八篇十万詩節（プーナ批判版では約七万五千詩節）よりなる大作で、約一万六千詩節よりなる『ハリヴァンシャ』がその付録とされている。量的にはギリシアの二大叙事詩『イーリアス』と『オデュッセイア』をあわせたものの七倍もあるとされる、世界最大級の叙事詩である。作者は聖仙ヴィヤーサであると伝えられているが、実際には、仏教が興る時代よりもはるか以前に行なわれた大戦争に関する物語が核となり、それに後代の種々の物語が時代ごとに付加されて、現存の形に編纂されたものである。主筋はバラタ（バーラタ）族のうちのパーンドゥの五王子とクルの百王子との間の確執、それに続く大戦争にある。戦争の結果、五王子側が一応の勝利をおさめるが、その五王子も最後には死んで天界へ赴く。この叙事詩がシャーンタ・ラサ（寂静の情趣）を主題にした作品であると後世の詩論家に説かれる所以である。

ところで、この主筋は全巻の五分の一ほどにすぎない。その主筋の間に、おびただしい神話・伝説・物語が挿入されている。有名な『バガヴァッド・ギーター』のような哲学的・宗教的な書が編入されている例もある。つまり、当時の法律・政治・経済・社会制度・民間信仰・通俗哲学などを伝える百科全書的な資料なのである。ここでは、『マハーバーラタ』それ自体を問題にするのではなく、その中に含まれる重要な神話をとり上げて検討することにする。そして、主筋に関することは他書にゆずり、原則として触れないことにする。

一方、『ラーマーヤナ』は七篇二万四千詩節よりなり、詩聖ヴァールミーキの作と伝えられている。ダシャラタ王の息子ラーマが、妻のシーターを誘拐した羅刹王ラーヴァナを殺すまでの話を主筋とし、それに後篇がつけ加えられている。後篇において、シーターの貞節を疑う民の声があるのを知ったラーマは彼女を棄て、最後にシーターは母なる大地に抱かれてこの世を去る。後世の詩論家によれば、この作品はカルナ・ラサ（悲の情趣）を主題としているという。

古来、インドでは、聖仙ヴァールミーキを「最初の詩人」（アーディ・カヴィ）と呼び、彼の作品とみなされる叙事詩『ラーマーヤナ』を「最初の詩作品」（アーディ・カーヴィヤ）と呼ぶ。インド最古の文献であるヴェーダ聖典も詩であったのではあるが、それは永遠の存在である天啓聖典であるとみなされ、人間の作った文学作品とは考えられなかったのである。ヴェーダ以後、韻文の詩作品は人間によっては書かれなかった。それを最初に創った人間がヴァールミーキ仙であるというのである。

それでは、『ラーマーヤナ』と並び称せられる大叙事詩『マハーバーラタ』は詩作品(カーヴィヤ)であると考えられなかったのであろうか？　従来、『マハーバーラタ』の形式、文体、詩的技巧などは『ラーマーヤナ』のそれほど洗練されていないから、前者は、全体として見て、「最初のカーヴィヤ」である後者よりも古く、従ってカーヴィヤであるとはいえない、と考えるのが一般的傾向であったようである。しかし、インドの伝承では、『マハーバーラタ』は『ラーマーヤナ』よりも後に成立したとみなされるのが常識であり、従って、それは当然カーヴィヤであると考えられてきたことになる。ただし、「シャーストラ・カーヴィヤ」(論書でもあるカーヴィヤ)と呼ばれた。

後世に決定的な影響を与えた、象徴詩的純粋詩理論の完成者であるアーナンダヴァルダナ(九世紀)も、その詩論書において、しばしば、『マハーバーラタ』をカーヴィヤとして扱い、それはシャーンタ・ラサ(寂静の情趣)を主題にした作品であると断言している。最初の詩『ラーマーヤナ』と、第二の詩『マハーバーラタ』の成立に関し、西紀九〇〇年頃カナウジの宮廷で活躍した詩人ラージャシェーカラは、その詩論書『詩学探究』(カーヴィヤ・ミーマーンサー)第三章において、興味ある伝説を述べている。

昔、言葉の女神サラスヴァティー（弁才天）は、子供を得たいと願い、ヒマーラヤ山中で苦行を行じていた。ブラフマー（梵天）は彼女の苦行に満足し、息子を授けた。すると、その生まれたばかりの子は、母の足もとに敬礼し、次のような韻文を発した。

「母よ、すべて言葉よりなるもので、意味のすがたをとって仮現するもの、それは私、カーヴィヤ・プルシャです。私はあなたの御足に敬礼いたします。」

「カーヴィヤ・プルシャ」とは、「詩の原人」という意味で、男性的原理としての詩を人格化したものである。


サラスヴァティー女神は、彼の発した詩句に、ヴェーダ聖典の韻律の特徴を認め、喜んで、彼を抱きしめて次のように言った。

「わが子よ。韻文を創ったものよ！　あなたは言葉よりなるもの（文学）の母であるこの私をも陵駕した。……あなた以前には、賢者たちは散文を知ってはいたが、韻文を知らなかった。今後は、あなたに発明された韻文が広まるでしょう。ああ、あなたは讃えらるべきです。あなたの体が語と意味です。顔がサンスクリット語です。腕がプラークリット語

（俗語の一）、尻がアパブランシャ（俗語の一）、両足がピシャーチャ語（俗語の一）です、胸がサンスクリット語と俗語の交じったもの（ミシュラ）です。あなたは均斉がとれ、明晰にして甘美で、気高く、力強い。あなたの言葉は表現力豊かです。あなたの魂（アートマン）が情趣（ラサ）です。あなたの体毛が韻律です。また、語戯が問答や謎（いずれも詩的技法）などです。そして、アヌプラーサ（同音の繰り返し）や比喩（ウパマー）などがあなたを荘厳する。」

サラスヴァティーの言葉は、天啓聖典であるヴェーダ聖典以後、非常に長い間、韻文が作られなかったことを暗示している。それが今、彼女の息子によって復興されたのである。「あなたの体が語と意味です。……」以下は、後世のインドの詩論家による詩の定義に相当するものである。すなわち理念としての「文学の母」から生まれて、語と意味を体としてこの世に仮現したものがカーヴィヤ・プルシャなのである。

さて、サラスヴァティーは、小児を樹陰に寝かせておいて、天上のガンジス川に水浴しに出かけた。やがて、祭式に用いるクシャ草と薪を採りに外出した聖者ウシャナスが、太陽の熱に苦しんでいるその子を見つけ、迷子だと思い、自分の隠棲処につれて行った。すると、元気をとりもどした幼児は、そこでも韻文を発した。

「詩人という乳しぼりに毎日しぼられても
決して涸《か》れることのない
美しい表現の牝牛なるサラスヴァティーが
我々の心に住まわんことを！」

ウシャナスはそれに基づいて弟子たちに韻文を教授した。それ以来、ウシャナスのことを「カヴィ」と呼ぶようになり、また、転じて詩人をカヴィと呼ぶようになった。そして、サラスヴァティーの子は、カーヴィヤと本性を一にするから、カーヴィヤ・プルシャと呼ばれるのである。

さて、女神はもとの場所にもどって来たが、子供がいないので悲嘆にくれていたところ、たまたま来あわせたヴァールミーキ仙により子供の行方を教えてもらった。彼女は感謝して、ヴァールミーキにも韻文を授けた。女神と別れたヴァールミーキは、連れあいをニシャーダ（狩猟や漁業で生活する部族民）に殺されたクラウンチャ（帝釈鴫）の若鳥が悲痛な声で泣き叫んでいるのを目撃し、悲しくなり、次の詩句（シュローカ）を唱えた。

「ニシャーダよ、汝は永遠に安らぎを見出してはならぬ。汝はクラウンチャの夫婦のうちの一羽を殺したではないか！　愛欲に酔いしれていたものを。……」（『ラーマーヤナ』一・二・一五）

すると、女神は、「まことに、他のものを学ぶより先に、まず第一にこの詩句を学ぶものは、サラスヴァティーの恩寵をうける詩人となろう」と言って、この詩句に特別の力を与えた。一方、ヴァールミーキは、言葉を発し続け、『ラーマーヤナ』というイティハーサ（叙事詩）を作った。また、ドゥヴァイパーヤナ（ヴィヤーサ）仙は、第一にこの詩句を学び、その力によって、十万詩節の大叙事詩『マハーバーラタ』を創作した。

こういうわけで、この伝説によれば、『マハーバーラタ』は疑いもなく第二のカーヴィヤなのである。ちなみに、アーナンダヴァルダナも、殺されたクラウンチャ鳥のエピソードに言及し、「かつて、最初の詩人（ヴァールミーキ）にとって、クラウンチャ鳥の夫婦の別離より生じた悲しみが詩句となった」と述べている。彼によれば、『ラーマーヤナ』は悲の情趣（カルナ・ラサ）を主題とした作品である。アーナンダの後継者アビナヴァグプタ（十―十一世紀）の解釈によれば、この場合、「悲しみ」はヴァールミーキのものではないという。「悲しみ」は鳥に属する。ヴァールミーキにとっては、超越的な「悲しみ」のみが存し、それが悲の美的経験（カルナ・ラサ）にまで高まるのである。

『ラーマーヤナ』が悲の情趣を主題にした作品であるのに対し、『マハーバーラタ』は寂静の情趣（シャーンタ・ラサ）を主題にした作品であるとアーナンダは主張する。なるほど、『マハーバーラタ』においては、パーンダヴァ一族の英雄的な行為が称えられてはいるが、それらはすべて、終局において、とるにたらぬものであり、無明の発現にすぎなかったことが判明する。作者は、戦いの勝利者たちもすべて、結局滅亡してしまうことを作品の結末で示すことにより、厭離の感情を読者に生じさせようと意図したのであり、解脱（モークシャ）と寂静の情趣とを作品の第一義的な主題としたのである。アーナンダはそのように考える。

それはさておき、カーヴィヤ・プルシャの伝説を終わりまで紹介することにする。

ある時、サラスヴァティーは、天上界の論争の審判をするために梵天に呼ばれた。カーヴィヤ・プルシャは母について行こうとしたが、「招待もされていないのに行ってはいけない」と留められた。怒った彼は旅に出てしまった。すると、彼の親友であるクマーラ（スカンダ、韋駄天――シヴァ神とその妃ガウリーの息子）が大そう嘆き悲しんだ。そこで母のガウリー女神は、何とかして息子のために彼をひきとめてやろうとして考えた。――

「一般に、もろもろの生類にとって、愛情ほど強い絆はない。それゆえ、彼を魅了するために、彼の妻を創ってやろう」と。そして、神通力により、サーヒティヤ・ヴィディヤー（詩学）という少女を創造して、彼のあとを追わせた。

さて、カーヴィヤ・プルシャは、最初、東部地方に行った。彼について行ったサーヒティヤ・ヴィディヤーが、彼を魅了しようとしてその地方でつけた装束は、その地方に住む婦人たちにまねられ、アウドゥラ・マーガディーと呼ばれるモード（プラヴリッティ）になった。また、そこで彼女が演じたダンスや言葉などが、バーラティーという様式（ヴリッティ）になった。そして、カーヴィヤ・プルシャがそこで作った文体（リーティ）が、ガウディーヤーという文体になった。

次に、彼らはパンチャーラ地方に行った。彼らは、そこで、パンチャーラ・マディヤマーというモード、サーットゥヴァティーあるいはアーラバティーという様式、パンチャーリーという文体を創った。

次に、彼らはアヴァンティ地方に行った。そこで、彼女は、アーヴァンティーというモードを創った。それは、パンチャーラ・マディヤマーと、次に述べるダークシナーティヤーとの中間のモードである。だから、そこには、サーットゥヴァティーとカイシキーという二つの様式が共存するのである。

最後に、彼らは南部（デカン）地方に行った。そこで彼女が創始したのが、ダークシナーティヤーというモードと、カイシキーという様式である。ここで初めて、カーヴィヤ・プルシャは彼女に激しく魅了され、ヴァイダルビーという最上の文体を創った。南部地方のヴィダルバに、ヴァッサグルマという都市がある。そこで二人はついに結婚する。

こうして、ヴィダルバ地方で、詩と詩学が完全に結合することになる。ヴァイダルビー（ヴィダルバ体）という文体は、多くの詩論家たちによって、最もすぐれた文体であるとされている。ちなみに、詩聖カーリダーサの文体は典型的なヴァイダルビーである。

さて、やがて新婚夫妻は、今はお互いに親戚となったガウリー女神とサラスヴァティー女神が住むヒマーラヤに帰った。二女神は二人を祝福してから、超能力よりなる体をとって詩人の魂に住むものとなした。

以上がサラスヴァティーの子、カーヴィヤ・プルシャの伝説である。この物語は、他の書物には見られないから、おそらく、ラージャシェーカラが創作したものであろう。それにしても、詩の起源、ヴィダルバ地方における詩と詩学の結合などを、伝説の形を借りて象徴的に語ったラージャシェーカラの独創的な手腕は見事という他はない。

『ラーマーヤナ』は『マハーバーラタ』と比較すれば、より首尾一貫した文学作品であるが、それでも、主筋の間に無数の神話・伝説を含んでいる。本書においては、『マハーバーラタ』の神話を中心にみてゆくことにするが、それとともに、関連する『ラーマーヤナ』の神話にも言及するであろう。この場合でも、『ラーマーヤナ』の主筋を問題にすることはない。『マハーバーラタ』を主とし、『ラーマーヤナ』を従とする理由は、前者に含まれる神話の方がより古い形態を保存している場合が多いと思われるからである。また、神話の種類もより豊富であるからである。

第一話　大海の攪拌《かくはん》と甘露

太古、おもだった神々は、メール山（須弥山《しゅみせん》）に集まって、いかにしたら不死の飲料である甘露（アムリタ）を得ることができるかと相談した。そのうち、ナーラーヤナ（ヴィシュヌ）神が梵天に言った。

「神々とアスラ（阿修羅）の群との両者で大海を攪拌すれば、甘露が出現することであろう。神々よ、大海を攪拌せよ。そうすれば、一切の薬草、一切の宝石を得た後、甘露を得るであろう。」

そこで神々はマンダラ山へ行き、攪拌棒として用いるべく、この高山をひき抜こうとしたができず、ヴィシュヌ神と梵天に援助を求めた。そこで梵天は強力なる大蛇アナンタに命じて、マンダラ山をひき抜かせた。そして大山を海まで運び、亀の王アクーパーラを支点にして、その背に大山をのせ、大蛇ヴァースキ竜王をそれに巻きつけ、神々と魔類の群でその両はじをひっぱって大山をぐるぐるまわし、大海を攪拌し始めた。

ヴァースキ竜王は強くひっぱられて、口から煙と焰のまじった風を何度も吹き出した。神々は熱風をあびて疲労困憊したが、山頂から花がふりそそいだので再び力を得て大海を攪拌した。多くの海中の生物が大山につぶされて死に絶えた。マンダラ山がまわされている間に、大木が互いにこすれあって山から落下した。また樹々の摩擦により次々と山火事が起き、火焰が山をおおい、象やライオンなど多くの獣が焼け死んだ。神々の王インドラ（帝釈天）は雨を降らせてその火を消した。すると、種々の大木の樹液や薬草の汁《エキス》が大量に海中に流れ出た。甘露にも似たこれらの乳状の汁と、融けた黄金の流出とによって、神々は不死となった。かくて大洋の水は乳に変じた。

大海の攪拌　神群（左）と悪魔群（右）が大蛇を引き合っている。中央がヴィシュヌ。
ビクトリア・アンド・アルバート博物館

ところで、神々は梵天に言った。

「我々はとても疲れたが、甘露はいまだ現れない。ヴィシュヌ神の助けが必要である。」

そこで梵天がヴィシュヌに、彼らに力を与えてやってくれと頼むと、ヴィシュヌは告げた。

「我はこの仕事に携わっているすべてのものに力を授ける。皆は海を攪拌せよ。マンダラ山をまわせ。」

この言葉に力を得て、神々は再び乳海を攪拌した。すると、大海から太陽と月が出現した。それから、シュリー女神（吉祥天女）が白衣をまとって出現した。（シュリーはヴィシュヌの妃となる。）それから、酒の女神（スラー・デーヴィー）、白馬、宝珠カウストゥバ（ヴィシュヌの胸に懸る）が次々と現れ、最後に、甘露を入れた白壺を持つダヌヴァンタリ神（神々の医師）が出現した。

この奇蹟を見て、悪魔たちは甘露をひとりじめしようと企てた。そこでヴィシュヌ神は幻術を用いて美女の姿になり、悪魔たちの側に行った。彼らは魅了されて、「彼女」に甘露を与えてしまった。

悪魔たちは集結して、武器をとって神々に襲いかかったが、この混乱のさなかにすべての神々はヴィシュヌからその甘露を受けとって飲んだ。ところが、神々が甘露を飲んでいる間に、ラーフという悪魔が神に変装して甘露を飲み始めたのであった。しかし、その甘露がラーフの喉まで達した時、太陽と月がそれと気づいて神々に告げた。ヴィシュヌ神はこの悪魔の巨大な頭を円盤で切り落とした。このことがあって以来、不死となったラーフの頭は太陽と月とを恨み、今日にいたるまで、日蝕と月蝕をひき起こすのである。

神々と悪魔との激しい戦闘はなおも続いたが、ヴィシュヌ等の働きで神群は勝利を収め、マンダラ山をもとの位置にもどし、甘露を安全な貯蔵庫に隠して、その守護をインドラ神の手にゆだねたのである。（『マハーバーラタ』一・一五—一七）

この神話は一種の創造神話であるが、主題はむしろ不死の飲料アムリタの出現とそれをめぐる神々とアスラたちの争いにある。それに、日蝕・月蝕の起源を述べる説明神話がつけ加えられている。この神話は「乳海攪拌」と呼ばれる。かつてアムリタを飲みすぎた梵天が吐き出した巨大な牝牛の乳が大海に集められ、その海が乳海と称されるようになったという。

『ラーマーヤナ』一・四五にある話も大同小異であるが、注目すべき二つの神話が挿入されている。

第一は、神々が大蛇ヴァースキをマンダラ山に巻きつけて乳海を攪拌した時、蛇が歯で

ラーフ　太陽と月を食べて、日蝕・月蝕を起こす。 コナーラク

石を嚙み、ハーラーハラという猛毒が流出したということである。この猛毒は全世界を焼き尽くしそうになったが、シャンカラ（シヴァ神）が世界を救うためにその毒を飲みほしたという。シヴァがニーラカンタ（「青黒い頸を持つもの」の意）と呼ばれるようになったいわれがここに説かれているのである。

第二は、攪拌の際、マンダラ山が次第に地下に沈んでいったため、ヴィシュヌ神が亀となって水中に入り、その背で山を支えたとされることである。『マハーバーラタ』においては、亀の名はアクーパーラであった。現存の『ラーマーヤナ』に収められた神話は、亀がヴィシュヌの化身（アヴァターラ）の一つとされるようになった時期に編入されたものであろう（第三章、第三節参照）。ちなみに、『シャタパタ・ブラーフマナ』（七・五・一・五）には、造物主プラジャーパティが亀（クールマ）となって一切生類を創造したと説かれているから、亀を創造者と同一視する考え自体はかなり古い時期に成立していたようである。なお、アクーパーラという亀については、第一七話を参照されたい。

第二話　竜を食うガルダ鳥

大海の攪拌の時に海中から現れた白馬は、ウッチャイヒシュラヴァスという名であった。[1]カドゥルーとヴィナターという姉妹は、二人ともカシュヤパ仙の妻となったが、ある時この馬の色について論争した。ヴィナターは、馬は全身白色であると言い、カドゥルーは、その馬は黒い尾をしていると主張した。二人は、負けた方が勝者の奴隷になるという条件で賭をし、論争の翌日に馬を見に行くことにした。ところが、蛇族の母であるカドゥルーは、彼女の千匹の息子たちに命じた。

「お前たちは、真黒になり、速やかにあの馬（の尾）に入り込め。私が奴隷とならぬように……」

　翌朝、馬を見たところ、その尾が黒かったので、カドゥルーはヴィナターを奴隷にした。ちょうどその頃、ヴィナターの息子であるガルダ鳥（迦楼羅《かるら》、金翅鳥《こんじちょう》）は、自力で卵の殻を割って生まれ出て、すぐに巨大な姿となって空に飛び立ち、奴隷の身となっている母のもとに行った。そこでしばらく母の手つだいをしていたが、母のみじめな境遇に耐えられなくなり、ある日、どうしたら解放してくれるのかと蛇たちにたずねた。すると彼らは、もし甘露（アムリタ）を奪ってくれれば自由の身にしてやると約束した。

　そこでガルダは母に別れを告げて、甘露を得るために神々の世界をめざして飛んで行った。そして、母に教えられたように、ニシャーダ族（蛮族の一種）を食べながら旅を続けた。途中、彼は知らないでバラモンをその妻とともに食べようとしたが、口の中に入れてからバラモンだと知り、くちばしを開けて彼を逃がそうとした。バラモンを食べることは、母に固く禁じられていたからであった。バラモンは、

「私の妻はニシャーダ族の女(2)だが、いっしょに逃がしてやってくれ。」

と頼んだ。そこでガルダは夫妻とも口から出してやった。

ガルダ鳥が甘露をとるために近づいて来ることを知り、神々は守りを固めた。ヴィシュヴァカルマン（一切造者、毘《び》首《しゅ》羯《かつ》磨《ま》）がまっ先に戦ったが、ガルダのために打ちたおされた。ガルダの翼がまき上げるもうもうたる砂塵のために神々は混乱し、甘露の番人たちは視力を失った。インドラ（帝釈天）が風神に命じてガルダのたてる埃をとり除かせたものの、ガルダは襲いかかる神の軍勢を手ひどく粉砕した。

鳥の王はそれから体を小さくして、容易に甘露の貯蔵庫に入ることができた。甘露の前で、鋭い縁《へり》を持つ鉄の円盤が絶えず回転していた。それは、甘露を盗もうとする者を殺すために、神々がしくんだ装置であった。ガルダがそれを難なく通り抜けると、そのうしろに、二匹の恐ろしい大蛇がいた。彼らは決してその眼を閉じることなく、甘露の番をしていた。その蛇の視線にとまったら、誰でも灰になってしまうのであった。そこでガルダは彼らの眼に埃をかけて見えなくしてから、甘露を手に入れて飛び立った。ところが、

彼は空中でヴィシュヌ神に遭遇した。ヴィシュヌは彼のめざましい働きに満足して、何でも願いをかなえてやると告げた。そこでガルダは、

「私はいつもあなたの上にいたいのです。」

と願い、そして更に、

「甘露なしでも、私が不老不死になれますように。」

と望んだ。ガルダの方もまた、ヴィシュヌに、何でも願いごとをかなえてあげると申し出た。そこで、ヴィシュヌはガルダを自分の乗物にすることを選び、それから旗を作って、その上にとまるようにとガルダに告げた。（それ以来、ガルダはヴィシュヌの乗物となった。）

ガルダ鳥が甘露をとり、空を飛んで引き上げようとした時、インドラは金剛杵《ヴァジュラ》で彼を撃った。しかし、ガルダは笑って言った。

「その骨から金剛杵が作られた聖仙（ダディーチャ仙、第三話参照）と、金剛杵と、あなた自身とに敬意を表するために、私は一枚の羽根を捨てることにする。金剛杵の一撃は私を全く傷つけなかったのではあるが……」

その美しい羽根が落ちたのを見て、一切の生類は驚いて叫んだ。

「これは霊鳥スパルナ（「美しい翼を持つ者」の意）であるにちがいない！」

この奇蹟を見て、インドラは、この鳥は偉大なる存在であると考えて言った。

ガルダに乗るヴィシュヌとその妻ラクシュミー（吉祥天）

「私は汝の最高の力を知りたいと思う。最上の鳥よ。私は汝との永遠なる友情を望む。」

ガルダはインドラと友情を結ぶことを承諾した。彼は理由なく自慢することは好まなかったが、友となったインドラの求めに応じて、自己の力を語った。

「山々や海や森をのせた大地、それからあなた自身をも含む全宇宙を、私はたった一枚の羽根によって苦もなく支えることができる。このことによって私の力の偉大さを知れ。」

すると神々の王インドラは言った。

「今や汝は永遠にして最高なる友情をうけいれてくれた。しかし、もし甘露《ソーマ》(3)が必要でないならそれを返してくれ。汝がそれを誰かに与えたら、そのものたちは我々をうち負かすであろうから。」

ガルダは答えた。

「私はある目的のために甘露を奪ったのだが、それを誰にもやるつもりはない。私がそれを(蛇の前に)置いたら、あなたはすぐにそれを持ち去って下さい。」

インドラはその言葉に満足し、何でも望みをかなえてやるから選びなさいと申し出た。そこでガルダは、詐欺により自分の母を奴隷にした蛇族のことを考えて、

「あの強力な蛇たちが私の常食になるようにしてくれ。」

と頼んだ。インドラは承知して、彼の後について行った。ガルダは速やかに母のもとに

帰り、蛇たちに告げた。

「甘露を持って来たぞ。それをクシャ草の上に置くから、沐浴して自身を清めてそれを飲みなさい。今後は私の母は自由の身だ。あなたがたの要求にちゃんと応えたのだから。」

蛇たちは、その通りにしようと答え、沐浴しに行った。そこで、インドラは甘露を奪って天界へ去った。

蛇たちは沐浴し、祈禱をすませてから大喜びでその場にもどった。ところが、甘露が盗まれて、自分たちがお返しに騙されたのを知ると、彼らは失望してダルバ草（クシャ草）を舐め始めた。そこに甘露が置いてあったといって……。そして、鋭い草を舐めまわしているうちに、蛇たちの舌は二つに裂けた。そしてまた、ダルバ草の茎は聖なるものとなった。甘露《ソーマ》と接触したからである。(4)

それから、ガルダは母とともに、森で幸せに暮らした。蛇を食べ、鳥たちに尊敬され、名声において何ひとつ欠けるところなく、母の心を喜ばせた。

何人《なんぴと》でも、この物語を聴く人、あるいは、最上のバラモンの集会で読誦する人、そういう功徳を積んだ人は、常に、疑いもなく天界へ赴くであろう。偉大な鳥王の名声にあやかって……。（『マハーバーラタ』一・一八―三〇）

ガルダ伝説の淵源は、『リグ・ヴェーダ』四・二六―二七の、鷲が神酒ソーマを地上にもたらした神話にあると思われる。美しい翼を持つ鷲（スパルナ）が、天界から神々の飲料ソーマを、人祖マヌやインドラの信者のもとに運んで来たというのである。ここで紹介した『マハーバーラタ』の物語において、インドラの金剛杵《ヴァジュラ》で撃たれたガルダが一枚の羽根を落としたと述べていることは、『リグ・ヴェーダ』の、「その時、天地の間に、彼の翼の一羽毛は漂えり、進路を急ぐ鳥のその羽毛は……」（四・二七・四）を考慮に入れたものにちがいない。また、ガルダが鉄の円盤を通り抜けて甘露を手に入れたとあるが、これは『リグ・ヴェーダ』の「意のごとく速やかに進む彼（スパルナ）は、金属で作った塞柵を脱した」（八・一〇〇・八）という記述に結びつく。

この神話はブラーフマナ文献において、カドゥルーとスパルニー（ヴィナターに相当）の確執の物語へと発展する。ただし、ソーマを地上にもたらしたのは韻律ガーヤトリーであるとされ、この物語に託して種々の祭式に関することがらの起源を説明している。辻直四郎博士は、『タイッティリーヤ・サンヒター』（六・一・六）、『シャタパタ・ブラーフマナ』（三・二・四）および三・六・二、『パンチャヴィンシャ・ブラーフマナ』（八・四・一―四）、『アイタレーヤ・ブラーフマナ』（三・二五―二八）に含まれる物語を和訳されている。(5)

ブラーフマナ文献と『マハーバーラタ』とを結びつけるものが、擬似ヴェーダ文献の『スパルナ・アディヤーヤ』である。ここにおいて、ヴィナターの息子スパルナ（ガルダと同一視されている）が、初めて主人公として登場し、物語の筋は著しく『マハーバーラタ』のそれに接近する。ソーマはアムリタと同一視されている。しかし、この文献が成立した時期は明らかでないので、『マハーバーラタ』の中の神話が直接的にこのスパルナ物語を素材にして作られたと断定することはできない。この物語も辻博士により翻訳されているので、(6)『マハーバーラタ』のものと比較していただきたい。

このガルダ伝説は後世の説話文学にもとり入れられ、ジームータヴァーハナの捨身物語へと展開した（『カター・サリト・サーガラ』四・二および一二・二三）。ヴィディヤーダラ（半神の一種）族の王子ジームータヴァーハナは、ガルダ鳥に食べられようとする竜（蛇）を救うために、自らの身体を犠牲にして、ガルダ鳥を改心させた。そして最後にはヴィディヤーダラ族の転輪聖王《てんりんじょうおう》となる。(7)七世紀のハルシャ王は、ジームータヴァーハナの捨身物語を戯曲化した。それが『ナーガーナンダ』（竜の喜び）である。

（1）　この馬は太陽をひく馬と同一視される場合もある。
（2）　バラモンの中にはニシャーダ族の女を妻にしたものがいたという興味ある資料。

（3）この前後の個所では、ソーマとアムリタが同一視されている。
（4）蛇が二枚舌となり、ダルバ草が神聖なものとなった起源に関する説明神話。
（5）辻直四郎『古代インドの説話』一七六―一八七頁。
（6）『ヴェーダ・アヴェスター』「世界古典文学全集3」筑摩書房、一五七―一六八頁。
（7）拙訳『屍鬼二十五話』、「東洋文庫」平凡社、一四九―一七一頁を参照されたい。

第三話　金剛杵《ヴァジュラ》の由来

黄金時代（クリタ・ユガ）においても、獰猛な悪魔たちが跳梁していた。彼らはヴリトラを首領として、いたるところでインドラ（帝釈天）にひきいられた神々に襲いかかった。そこで神々はヴリトラを殺そうと計画し、インドラを先頭として梵天（ブラフマー）のところへ行って相談した。梵天は合掌している彼らに告げた。

「諸君の企てはすべてわかった。ヴリトラを殺す方法を教えよう。ダディーチャという偉大な聖仙がいる。皆で彼のもとに行き、望みをかなえてくれるように頼みなさい。敬虔な彼は喜んで望みをきいてくれるだろう。諸君は三界の安寧のために、彼に、骨を下さいと頼め。彼は身を捨てて、自分の骨をくれるであろう。その骨で、このうえなく恐ろしくて堅固なヴァジュラ（金剛杵）を造れ。インドラはその武器でヴリトラを殺すであろう。私はすべてを語った。速やかに実行せよ。」

梵天の言葉を聞いて、神々はサラスヴァティー川の向こう岸にあるダディーチャの隠棲処へ行った。彼らはそこで太陽のごとく輝くダディーチャに会い、その足下にひれ伏して望みをかなえてくれと頼んだ。するとダディーチャは非常に喜んで、彼らにこう答えた。「私は今日、あなた方のお役に立ちましょう。あなた方のために身を捨てます。」とそう言うと、その偉大な聖者は突然息をひきとったのである。そこで神々は教えられた通りに彼の骨をとり出して、トゥヴァシュトリ（工巧神）を呼んで目的を告げた。トゥヴァシュトリは彼らの頼みを聞いて勇みたち、一心不乱に仕事に励み、こよなく恐ろしい形をしたヴァジュラを造り上げ、シャクラ（インドラ）に告げた。

「このヴァジュラの打撃により、今日、獰猛な神の敵を粉砕しなさい」と。

都市の破壊者（インドラ）は、喜んでそのヴァジュラをつかんだ。（『マハーバーラタ』三・九八、以下の話は第四話に続く。）

インドラの武器であるヴァジュラがトゥヴァシュトリ（工巧神）によって造られたことは、『リグ・ヴェーダ』（一・三二・二）に述べられている。そして、その材料がダディヤッチ（後代の語形はダディーチャ）の骨であることは、『リグ・ヴェーダ』（一・八四・一三）に見え、インドラはダディヤッチの骨により多数のヴリトラを殺したと説かれている。

ダディヤッチに関する物語はブラーフマナ文献にも出ている。

アタルヴァ祭官の息子ダディヤッチは神々の行なった祭祀の秘密を知っていた。インドラは、「他のものにその秘密を教えたら、お前の頭を切断する」と告げた。ところが、アシュヴィン双神は、彼のところに来てその秘密を教えてもらおうとした。彼がインドラに告げられたことを話すと、双神は彼の頭をいったん切りとって他の場所に安置し、代わりに馬の頭を彼の胴体につけた。彼は馬の頭をして双神に秘密を教えた。インドラは彼の頭（実は馬の頭）を切りとった。双神は彼自身の頭を持って来て、彼の胴につけた。それゆえ、『リグ・ヴェーダ』（一・一一六・一二）には、「アタルヴァンの息子ダディヤッチは、蜜のような秘説を、馬の頭により汝ら双神に説示した」とある。（『シャタパタ・ブラーフマナ』一四・一・一・一八—二五）

更に、他のブラーフマナには、次のような後日譚が伝えられている。

アタルヴァンの息子ダディヤッチは不思議な力を持っていた。アスラ（阿修羅）たちは、遠方からでも彼を見ると、その場で頭を失って死ぬのであった。彼が天界へ赴《い》った後、アスラたちに悩まされたインドラは、彼がどこにいるのかたずねたところ、例の馬の頭のみ残っていると聞いて探し求め、その骨で多数のアスラたちを殺した。（『ジャイミニーヤ・ブラーフマナ』三・六四―六五）

『マハーバーラタ』（九・五〇）には、ダディーチャに関する別の伝説がみられる。彼がサラスヴァティー川に息子を生ませたというのである。

シャクラ（インドラ）は隠者ダディーチャの苦行を恐れ、天女アランブサーを派遣してその妨害を企てた。アランブサーはダディーチャの庵に行き、コケティッシュに踊ったり歌ったりしたので、隠者は思わず射精してしまった。彼の精液はサラスヴァティー川に落ち、川の女神は妊娠して子供を生んだ。女神がその子をダディーチャに見せてわけを話したところ、彼は大喜びで子供をとりあげて抱擁し、サラスヴァティー川を讃えた。そしてその子をサーラスヴァタ（「サラスヴァティーの息子」の意）と名づけ、十二年にわたる旱魃がおとずれた時、サーラスヴァタが雨を降らせるであろうと予言した。

この物語は一角仙人伝説と深い関係を持ち、天女アランブサーの名は『アランブサー・ジャータカ』によって採用された(8)。

(8) 第一二話(一七一—一七二頁)参照。

第四話　海水を飲みほしたアガスティヤ仙

インドラはダディーチャ仙の骨から造られた武器ヴァジュラを持ち、強力なる神々に守られて、天地をおおっているヴリトラを攻撃した。ヴリトラは巨体を持つ悪魔(カーレーヤあるいはカーラケーヤと呼ばれる)たちにとり囲まれていた。かくて神軍と魔軍との熾烈な戦闘が始まり、悪魔たちは黄色い鎧を着け、鉄棒を振りかざし、山火事のように神々を襲った。神々はたまらず退却した。彼らが恐怖にかられ、またヴリトラがますます勢いづくのを見て、インドラは非常に意気沮喪した。それを知って、ヴィシュヌ神は自己の威光(テージャス)をインドラに注入して彼の力を増大させ、他の神々や聖仙たちもそれに倣って彼を力づけた。
神の王が力を得たことを知ると、ヴリトラは大きな雄叫びをあげ、それによって全天地は振動した。それを聞いて大インドラは恐怖にかられ、あわててヴァジュラを放った。巨大なアスラ（ヴリトラ）はヴァジュラに撃たれて大山のように倒れた。しかし、インドラはヴリトラが死んだにもかかわらず、恐怖にかられて湖水に飛びこもうとして走った。恐ろしさのあまり、彼はヴァジュラが自分の手を離れたことも、ヴリトラが死んだことも知らなかったのである。（『リグ・ヴェーダ』の偉大な戦士も、ここでは喜劇的な英雄として描かれている。）

神々はみな喜んでインドラを讃え、ヴリトラの死にうちひしがれた悪魔たちを殺した。命からがら海に逃げこんだ悪魔たちは、海底で三界（全世界）を滅ぼすためにいろいろと相談して、恐ろしい計画をたてた。

「学術と苦行《タパス》（功徳）を積んだ者たちをまず第一に殺すべきである。全世界は苦行によって維持されているから、修行者たちを殺せば、世界は全滅するのだ。」

と、三界を滅ぼす準備をした。猛り狂った悪魔たちは、夜な夜な隠者《ムニ》たちを食べ続け、隠棲処におし入っては、人に見られることなく多数のバラモンを殺害した。そのため、ヴェーダの学習や祈禱は絶え、祭式も行なわれなくなり、世界は活気を失ってしまった。

人々は恐怖にかられて方々に逃げ散り、ある者たちは洞窟に入り、ある者たちは滝のうしろに隠れた。またある者たちは、死を嘆くあまり、恐れから息をひきとった。勇敢で誇り高い戦士たちは、悪魔を求めて探しまわったが、海中にいる悪魔を見つけることはできず、疲れ果てて自滅した。

こうして祭式が実行されなくなり、世界が滅びそうになった時、神々は非常に悲しみ、集まって相談した結果、ナーラーヤナ・ヴァイクンタ（ヴィシュヌ）神のところに庇護を求めた。

「あなたは今まで、我々をいろいろと守ってくれた。あなたは恐怖に悩む我々の寄る辺である。この大きな恐怖から世界と神々を守って下さい。」

神々は更に続けた。

「今や世界の最大の危機がおとずれたのに、バラモンたちが夜中、何者によって殺されるのか、我々は知らない。バラモンが滅すれば大地が滅し、大地が滅すれば天も滅するであろう。何とぞあなたの恩寵により、全世界が帰滅することのなきようお守り下さい。」

ヴィシュヌは告げた。

「それは悪魔（カーレーヤ）どものしわざだ。ヴリトラがインドラに殺された時、彼らは海に逃げこんだのだ。夜になると隠者たちを殺し、世界を滅ぼそうとしているのだが、彼らを殺すことはできぬ。海中にひそんでいるのだから。そこでまず海をなくさねばなるまい。あのアガスティヤ仙を除いて、他の誰が海を干上がらせることができよう。」

それを聞いて、神々はアガスティヤの隠棲処へ行き、この偉大な聖仙を讃えてから、願いをきいてくれるように頼んだ。アガスティヤがわけをたずねると、神々は言った。

「海の水を飲みほしてもらいたいのだ。そうすれば、我々はカーレーヤという悪魔どもを殺すことができる。」

アガスティヤは同意して、神々や聖仙たちとともに海へ行った。半神たちも彼の行なう奇蹟を見ようとして、その後について行った。大仙アガスティヤは、

「世界の安寧のために、私は海を飲みほす。」

と言って、一気に海水を飲みほした。インドラをはじめとする神々はそれを見てすっかり驚き、そして彼をほめ讃えた。それから神々は勇みたち、武器をとって悪魔たちを殺した。しかし、若干の悪魔たちはかろうじて生き残り、大地を裂いて地底界《パーターラ》に逃げこんだ。

神々は悪魔を殺してから、アガスティヤに感謝し、そして海を再び水で満たしてくれるように頼んだ。しかし聖仙は言った。

「私はすでに水を消化してしまった。海を満たす何か他の方法を考えなさい。」

神々はそれを聞くと、驚きかつ途方にくれた。そして、何度も相談した結果、梵天（ピ

ターマハ）のところに行き、合掌して、海を満たして下さいと頼んだ。梵天は答えた。「みな思い思いに帰るがよい。長い時が過ぎた後、海はもとの状態にもどるであろう。偉大な王バギーラタの親族のために……」

すなわち、バギーラタ王が天上のガンガー（ガンジス）川を地上に導いた時に、海は再び水をたたえるであろうと予言したのである。（『マハーバーラタ』三・九九―一〇四）

アガスティヤ仙は『リグ・ヴェーダ』詩人の一人とみなされ、彼とインドラおよびマルト神群との対話も伝えられている（一・一六五、一七〇、一七一）。彼はヴァシシタ仙とともに瓶から生まれたとされる。天女ウルヴァシーを見て欲情したヴァルナとミトラの両神の精液が瓶に入れられ、それからアガスティヤとヴァシシタが生まれたというのである。だからアガスティヤは、「瓶から生まれたもの」（クンバヨーニなど）と呼ばれる。彼は神々をも呪詛でおびやかすような威力に満ちた聖者で、叙事詩には彼に関するさまざまな神話が伝えられているが、長々しくなるので今は割愛し、第四話の後日譚たる「ガンガー（ガンジス）の降下」の神話に移ることにする。

第五話　ガンガー（ガンジス）の降下

イクシュヴァーク王の家系にサガラという名の王がいた。この王は容貌、気力ともにすぐれていたが、息子がいないので悩んでいた。彼にはヴィダルバ国出身の妃と、シビ国出身の妃とがいた。彼は息子を望み、カイラーサ山にこもって激しい苦行を行い、その結果、二人の妻とともにシヴァ神に会って、息子を得たいと望んだ。シヴァ神は告げた。

「妻たちのうちの一人に、六万人の勇敢な息子が生まれるであろう。彼らは全滅してしまうであろう。しかし、もう一人の妻から一人の勇士が生まれて家系を存続させるであろう。」

と、そう予言してルドラ（シヴァ）は消えた。かくてサガラ王は二人の妻とともに、喜んで王宮に帰った。

さて、やがて二人の妻はみごもった。ヴィダルバ国出身の妻は瓢箪を生み、シビ国出身の妻は神々しい姿の男児を生んだ。王は瓢箪を捨てようとしたが、その時、空から声が聞こえた。

「乱暴なことをしてはならぬ。汝の息子たちを捨てるな。瓢箪から種をとり出し、ギー

（バター状の乳脂）を満たして暖めた器の中で、それらを大切に保存せよ。そうすれば、汝は六万人の息子を得ることであろう。偉大なるシヴァ神がそのように定めたのである。」

王がその通りにすると、ルドラの恩寵により、やがて六万人の息子が生まれた。ところが彼らは乱暴で、方々を歩きまわって、人々や、神々、半神たち、すべての生類を苦しめた。皆が集まって梵天（ブラフマー）に訴えたところ、梵天は告げた。

「皆ひとまず帰りなさい。近いうちにサガラの息子たちは、自己のなした業により全滅するであろう。」

しばらくして、サガラ王は馬祭（アシュヴァメーダ）を企てた。馬祭においては、まず馬を一年間自由に歩きまわらせて、人々が馬を護衛してその後に従う。馬はサガラの息子たちに守られて地上を歩きまわり、水のない海（海水はアガスティヤ仙によって飲みほされてしまったままである）にさまよい出て、突然消え失せてしまった。サガラの息子たちはもどって、馬が盗まれたと父に報告した。サガラは全世界を探せと命じた。そこで息子たちは全地上を探索したが、馬を発見できずに空しくひき返した。父は怒って、馬を見つけてくるまでもどってはならぬと命令した。

息子たちは全世界を探索しているうちに、大地に亀裂があるのを見つけ、力をあわせてその場所を掘り下げていき、ついに地底界《パーターラ》まで達した。そして、そこに馬を見出し、そのそばに威光に満ちた偉大なるカピラ仙がいるのを見た。彼らは喜び勇み、カピラ仙のいるのも無視して、馬をつかまえようと突進した。そこで、最高の聖者《ムニ》カピラは怒り、眼を見開いて光熱（テージャス）を投げかけて、彼らを燃やしてしまった。

偉大なる苦行者ナーラダ仙は、彼らが灰燼に帰したのを目撃して、サガラ王のところに行って報告した。王はこの恐ろしい知らせを聞くとしばし茫然として立ち尽くし、それからシヴァの予言を思い出した。そこで王はアサマンジャス（シビ国出身の妃が生んだ息子）の子、すなわち孫のアンシュマットを呼んで言った。

「無限の力を持つ六万人の息子たちが、私のためにカピラ仙に燃やされた。私はお前の父をも捨てたのだ。正義《ダルマ》を守り、市民たちの安寧を望んで……」

アサマンジャスは市民の子供たちをつかまえては川に投げこんでいた。そこで、市民たちの訴えをうけて、アサマンジャスを追放したのであった。サガラは孫に言った。

「私はお前の父を追放したことと六万の息子たちが死んだことと、馬を失ったこととで苦しんでいる。私を救ってくれ。地底界から馬をつれもどしてくれ。」

そこでアンシュマットは地底界に降り、カピラ仙に会うと、地にひれ伏して用件を告げた。聖仙は満足して願いをききとどけてやると言った。そこで彼は祭式を遂行するためにまず馬を返してくれるように頼んだ。それから、彼の先祖（叔父たち）を清めるための水を下さいと願った。カピラ仙は、汝の孫がガンガー（ガンジス）川を天界から降してサガラの息子たちを清め、彼らを天界へ赴かせるであろうと予言して、馬を返してくれた。かくてサガラ王はつつがなく馬祭を挙行し、長年の間、彼の王国を治めてから、王位を孫のアンシュマットに譲って天界へ赴った。

アンシュマットは息子のディリーパに王国を譲った。ディリーパは先祖たちが全滅したことを知り、彼らの運命について思いめぐらしては悲しんでいた。彼は何とかして天上のガンガーを降そうと努力したが果たせず、息子のバギーラタに王位を譲って森に隠遁し、苦行を行なって天界へ赴った。

このバギーラタ王は、先祖であるサガラの息子たちがカピラ仙に焼かれて天界へ赴けないでいることを知ると、王国を大臣にまかせて、ヒマーラヤ山中へ行き、ガンガー女神を満足させようとして苦行を行なった。こうして神々の一千年が過ぎた時、ガンガー女神は自ら姿を現して、何でも望みをかなえてあげると告げた。王はヒマーラヤの娘（ガンガー）に答えた。

「私の先祖であるサガラの息子たちは、馬を探しているうちにカピラ仙に殺されて、ヤマ（閻魔）の国におります。あなたが彼らの体を清めないうちは、彼らは天界へ赴けません。どうか先祖を天へ赴かせて下さい。」

ガンガー女神　エローラ第21窟

ガンガーの降下　マハーバリプラム

ガンガーは言った。

「私はあなたの願いをかなえてあげます。しかし、私が天から降りたら、その衝撃は大へんなものです。全世界に、シヴァ神を除いてそれを支えることのできる者はおりません。そこで、苦行によってシヴァを満足させて、私が落ちる時、その頭で私を受けとめるように頼みなさい。」

それを聞くと、バギーラタ王はカイラーサ山へ行って、シヴァ神を満足させ、やがてシヴァに会うことができた。シヴァ神は川の女神を受けとめることを承知し、ヒマーラヤに行き、バギーラタに言った。

「さあ、ヒマーラヤの娘である川の女神に祈れ。私は彼女が天から落下する時に受けとめるであろう。」

そこでバギーラタが祈ると、川の女神は天から勢いよく飛びおりた。それを見ようとして、神々・大仙・ガンダルヴァ（乾闥婆）・蛇・羅刹たちが集まって来た。ガンガーが落ちてくるとシヴァはそれを受けとめた。それは彼の額に真珠の連のようにかかった。

こうしてガンガーの水は、かつてアガスティヤ仙に飲みほされて空になっていた海を満たし、サガラの息子たちを清めたのである。（『マハーバーラタ』三・一〇四—一〇八）

この神話は『ラーマーヤナ』(一・三八―四四)にも採録されている。話の筋は大体同じであるが、細部において若干伝承が異なる。以下、相違点のみを列挙する。

(一)『ラーマーヤナ』においては、サガラ王の妃たちの名前が出ている。第一妃は『マハーバーラタ』と同じくヴィダルバ国王の娘で名をケーシニーというが、第二妃はアリシタネーミの娘スマティである。アリシタネーミはヴィナターの息子の一人で、従ってガルダの兄弟にあたるはずだが、ここではスマティが「スパルナ(ガルダ)の妹」といわれている。

(二)苦行したサガラに恩寵を与えるのは、『マハーバーラタ』においてはシヴァ神であったが、『ラーマーヤナ』では聖仙ブリグである。

(三)『マハーバーラタ』においては、ヴィダルバ出身の妃が瓢簞を生み、シビ国出身の妃がアサマンジャスを生むが、『ラーマーヤナ』においては、ヴィダルバ出身のケーシニーがアサマンジャスを生み、スマティが瓢簞を生む。

(四)『ラーマーヤナ』においては、祭祀用の馬を盗んだのは羅刹女の姿をしたインドラ神であり、この神話とアガスティヤが海水を飲みほした話との関連はない。

(五)『ラーマーヤナ』では、叔父たちの死を悲しむアンシュマットの前にスパルナ(ガルダ)が現れ、ガンガーの水で叔父たちを供養せよと勧める。

(六)『マハーバーラタ』では、バギーラタの苦行に満足したガンガー女神自らが現れて天から降下することに同意するが、『ラーマーヤナ』では梵天が彼の願いをききとどける。

(七)『ラーマーヤナ』においては、ガンガーの高慢さを怒ったシヴァ神が多年の間彼女を髪の中にとどめておく。その他にも、彼女の降下する情景をより詳細に描写する。

(八)『ラーマーヤナ』においては、ガンガーの高慢さを怒ったジャフヌ仙が、その水をすべて飲みほす。神々の要請をうけたジャフヌ仙が両耳から水を放出したので、ガンガーはジャーフナヴィー(「ジャフヌの娘」の意)と呼ばれるという。また、バギーラタの名に因《ちな》んで、それはバーギーラティーと呼ばれる。

以上が主なる相違点である。最大の違いは、『マハーバーラタ』においては、この神話がアガスティヤの話と結びつけられているが、『ラーマーヤナ』においてはそれと無関係であるということである。

なお、この神話で、サガラ王が馬祭(アシュヴァメーダ)を企てたことが説かれている。アシュヴァメーダは馬を犠牲獣とする祭式で、国王の絶大な権力を示すために催される国家的祭典である。この祭式はすでに『リグ・ヴェーダ』(一・一六二―一六三)で暗示されているが、祭式そのものについては極めてわずかな言及しかみられない。数世紀後、『タイッティリーヤ・サンヒター』(五・七・二五)や『ブリハド・アーラニヤカ・ウパニシャッド』（一・一・一）において、この祭式は宇宙論的な意義を持つにいたる。

暁紅は犠牲の馬の頭である。太陽はその眼、風はその息、火はその開いた口である。年は犠牲の馬の体である。天はその背、空はその腹、地はその胸、諸方位はその脇、中間の方位はその肋骨、諸季節はその肢、月と半月とはその関節、昼と夜とはその足、星宿はその骨、雲（あるいは空間）はその肉である。それが半分消化した食物は砂、その腸は河川、肝臓と肺臓は山々、体毛は草木である。日が昇るのはその前半身、日が沈むのはその後半身。それがあくびをする（あるいは、ふるえる）時は稲妻が光る。それが蹴れば雷鳴が轟く。それが小便をすれば雨が降る。音声はその嘶《いなな》きである。（『ブリハド・アーラニヤカ・ウパニシャッド』一・一・一）

ここで、犠牲用の馬は宇宙や自然現象の象徴とみなされている。ブラーフマナの時代の人々は、この祭式を正しく実行することによって宇宙の諸現象を支配することができると考えたのである。しかし、後には、この祭式が王者の権威を誇示する手段として用いられるようになる。

まず馬が選ばれて浄《きよ》められる。それからその馬を北東の方角（神々にいたる道）に放ち、一年の間、自由に歩きまわらせる。王子たちが軍隊をひきつれてその後を追う。馬が他国の領土に入ると、軍隊はその国と戦争して征服する場合もある。もし敗戦して馬が他国に捕えられれば、祭式を実行することができなくなり、もの笑いの種となる。一年後に馬をつれ帰り、それを殺し、第一王妃がその死骸とともに寝る。その後、馬は切断され分配される。儀式は沐浴と、祭官たちへ報酬を給付することで完了する。(9)

(9) アシュヴァメーダについての詳細は次の書を参照されたい。P. E. Dumont, *L'Aśvamedha*, Louvain, 1927.

第六話　インドラの復権

(一) ヴィシュヴァルーパ

トゥヴァシュトリ(工巧神)はプラジャーパティ(造物主)であったが、インドラを害するためにヴィシュヴァルーパ(「一切の形を持つ者」の意)という名の、三面を持つ息子を造った。ヴィシュヴァルーパは一つの口でヴェーダ聖典を学び、一つの口で酒を飲み、一つの口（顔）で全世界を呑むかのように見た。彼は激しい苦行を行なったので、インドラ（帝釈天）は、彼が三界を呑みこむのではないかと恐れ、天女（アプサラス）たちに、彼を誘惑して苦行を妨害するように命じた。天女たちは承知して、トリシラス（「三つの頭を持つ者」の意、すなわちヴィシュヴァルーパのこと）のもとに行き、ありとあらゆる手段を用いて誘惑しようとしたが、彼は全く動じなかった。天女たちはひき返して、彼を動揺させることは不可能であるとインドラに告げた。

そこでインドラは、自らトリシラスを殺す決意をし、ヴァジュラ（金剛杵）を彼に投じた。彼は地に倒れたが、なお輝かしい光を放ち、生きているかのように見えた。インドラはその付近に樵《きこり》を見かけ、すぐにヴィシュヴァルーパの頭を切り落とせと命じた。しかし樵は言った。

「彼は非常に大きな肩をしている。この斧では役に立たない。それに、立派な人々に非難されるようなことはできない。」

そこでインドラは、彼の斧をヴァジュラのように堅固なものにしてやると告げた。樵はたずねた。

「このような恐ろしい行為をするとは、あなたは何者なのか？」

「私は神々の王インドラである。ためらうことなく、私の言う通りにせよ。」

「聖仙（トゥヴァシュトリ）の息子を殺すなどという、ひどい行ないをして恥じないのですか？　バラモン殺しを恐れないのですか？」

「私は浄めのために、後で難行の務め（ダルマ）を行なう。この大威力を有する敵をヴァジュラで殺したのだが、今でも心配で、彼を恐れているのだ。すぐに彼の頭を切れ。そうすれば恩寵を授けてやる。人々は犠牲祭において、犠牲獣（パシュ）の頭をわけまえとして汝に与えるであろう。」

インドラの言葉を聞くと、樵は斧でトリシラスの頭を切り落とした。すると、三つの頭が切られた時、山鳥（カピンジャラ）、鷓鴣《しゃこ》（ティッティラ）、雀（カラヴィンカ）が飛び立った。ヴェーダを学習しソーマを飲んだ口からは山鳥たちが出た。全世界を呑みそうに見た顔からは鷓鴣たちが出た。酒を飲んだ口からは雀たちが出た。インドラは切り落とされた頭を持って、喜んで天界にもどった。

(二)　ヴリトラ

トゥヴァシュトリは、インドラが息子を殺したと知って烈火のごとく怒り、火中に供物を投じて恐ろしいヴリトラを造り出し、「インドラを殺せ」と命じた。激しい戦闘において、勇猛なるヴリトラはインドラをつかまえ、口を開いて呑みこんでしまった。インドラはヴリトラにあくびを生じさせ、かろうじて外に飛び出すことができた。それ以来、呼吸するものにあくびが宿るようになったという。

戦闘はなおも続いたが、ヴリトラはトゥヴァシュトリの苦行の力によって強大なものとなったので、インドラは退却した。そこで神々は、集まってマンダラ山の頂で相談した結果、そろってヴィシュヌ神を念想し、何とかしてくれと頼みこんだ。するとヴィシュヌは次のように教えた。――インドラはまずヴリトラと和平を結び、それから術策によってヴリトラを殺せ、というのである。そこで神々はいろいろと甘言を並べたてて、ヴリトラとインドラの恒久的な平和条約をとりまとめた。その際、ヴリトラは条件を出した。

「乾いたもの、湿ったもの、岩や木によっても、（通常）兵器によっても、ヴァジュラによっても、昼も夜も、シャクラ（インドラ）と神々は私を殺してはならない。」

神々はその条件を受け入れた。

さて、インドラはヴリトラを殺す方法を考え続けていた。ところが、ある日の黎明（または黄昏）に、彼はヴリトラが海岸にいるのを見て、ヴィシュヌの予言を思い出した。

「今は薄明時で、昼でも夜でもないから、彼を殺すことができる。今日、術策を用いて彼を殺さなければ、俺は浮かばれないだろう。」

彼がヴィシュヌを念想しながらそう考えていると、海上に山のような泡が現れた。

「この泡は乾いてもいないし湿ってもいない。これをヴリトラに投ずれば、彼は速やかに死ぬであろう。」

そこで彼はその泡をヴリトラに投げつけた。ヴィシュヌがその泡に入りこみ、ヴリトラを殺した。

ヴリトラが死に、平和がもどったが、インドラは卑劣な策を用いたことを深く悩んだ。そしてまた、前にバラモン（ヴィシュヴァルーパ）を殺したことでうちひしがれていた。彼は諸世界の果てまで行き、自己の罪に打ちのめされて意識を失い、何もわからなくなって水中に隠れた。

（三）　ナフシャ

インドラが失踪すると、大地は荒廃し、雨が降らなくなって、河川や池は干涸びてしまった。神々や大仙たちは王を失って悩み、「誰が我々の王となるのか」と思いわずらった。そこで神々や聖仙たちは、英雄ナフシャを神々の王位につけることに決めてナフシャに頼んだ。ナフシャは、自分は弱く、神々を守ることはできないと辞退した。しかし、神々は彼に偉大なる力を与えた。

「神々にせよ、聖仙・鬼神にせよ、彼の視界に入ったら、彼はそれらの威光（テージャス）

を吸収して、より強力になるであろう。」

と、そう予言して彼を天界の王位につけた。

ナフシャはもともと高邁な人物であったが、豪奢な生活を送っているうちに次第に好色な性格になっていった。彼はインドラの妻のシャチーを見て邪心を抱き、「彼女をすぐに俺の家に来させろ」と命じた。それを聞いて、シャチーはブリハスパティ（祈禱主神、神々の師）のもとに行き、庇護を求めた。ブリハスパティは、

「インドラはすぐにもどるから、ナフシャを恐れる必要はない。」

と、告げて彼女を慰めた。ところが、ナフシャは、彼女がブリハスパティのもとに避難したことを聞いて怒り狂った。神々は、他人の妻を奪うのはやめた方がよいと忠告したが、欲にかられたナフシャは聞きいれなかった。

「インドラは聖仙の妻であるアハリヤーを犯した。しかも夫が生きているのに(10)……。あなた方はなぜ彼をとめなかったのか？　インドラは過去に多くの無法な行為をなした。あなた方はなぜ彼をとめなかったのか？　シャチーは俺に仕えるべきだ。それが彼女にとって最もよいことだ。」

神々は、

「あなたの望み通り、インドラーニー（シャチー）をつれてきますから、どうか怒りをし

ブリハスパティ　後世、木星の神とみなされた。　コナーラク

インドラの妻インドラーニー　エローラ第33窟

ずめて下さい。」

と言って、ブリハスパティのところへ行き、シャチーを渡してくれるように頼んだ。シャチーはこれを聞くと、自分を救って下さいとブリハスパティに嘆願した。ブリハスパティは彼女を慰め、決して見捨てはしないと約束した。そこで神々は、どうしたらよいのかと彼に助言を仰いだ。すると彼は言った。

「インドラーニーがナフシャに、少しの間、猶予をくれと頼んだらよい。それが彼女のためにもなり、我々のためにもなる。」

それを聞いて神々は喜び、

「ナフシャはすぐに滅び、シャクラ（インドラ）は再び神々の主君となるであろう。」

と告げて、シャチーを慰めた。そこで彼女は屈辱を感じながらも、恐ろしい姿をしたナフシャのもとに行った。ナフシャは若くて美しい彼女を見て、欲望に我を忘れて叫んだ。

「美しい女よ、私を夫として愛してくれ。」

シャチーはおののき、手をあわせて頼んだ。

「神々の王よ、少しの間、猶予を下さい。夫に何が起こったのか、彼がどこへ行ったか、わからないのです。ことの真相がわかったら、あるいはわからなかったとしても、私はあなたにお仕えします。私はこの真実の誓いをあなたに申し上げます。」

彼女にこう言われて、ナフシャは喜んだ。

「そのようにせよ。ことの真相がわかったらもどって来なさい。この誓いを忘れぬように。」

彼女は惨めな気持でブリハスパティの家へ帰って行った。彼女の話を聞くと、アグニ（火神）をはじめとする神々はヴィシュヌ神に会い、沈みこんで次のようにたずねた。

「神々の王シャクラ（インドラ）は、バラモン殺しの罪によって打ちのめされております。どうしたら彼が救われるか、教えて下さい。」

ヴィシュヌは答えた。

「シャクラは私を供養する祭を行なうべきである。私は彼を浄めてやろう。彼が清浄なる馬祭（ハヤメーダ）を執行すれば、再び神々の王インドラの位につくであろう。愚かなナフシャは自己の所行により滅びるであろう。もう少しの間辛抱しなさい。」

それを聞くと、すべての神群は、師（ブリハスパティ）や聖仙たちとともに、シャクラが沈んでいる場所に行った。そして盛大な馬祭（アシュヴァメーダ）が行なわれ、インドラは罪を浄められ自己をとりもどした。

ところが、インドラはナフシャが神々の与えた恩寵により絶大な力を持っているのを見て、再び失踪して、あらゆる生類から身を隠してしまった。そこでシャチーは嘆き悲しみ、夜の女神（ラートリー）を拝んだところ、ウパシュルティ(11)が現れた。彼女は女神を拝んでからたずねた。

「あなたは誰ですか？」

「私はウパシュルティです。あなたにシャクラ神を見せてあげますから、速やかについて来なさい。」

そこでインドラーニーは女神について行き、神々の森を過ぎ、多くの山々を越え、ヒマーラヤを越え、その北方に進んで海に出て、ある大陸に着いた。そこに一つの神的な美しい池があった。彼女は女神とともに蓮の茎を切ってそこに入りこみ、そこで蓮の繊維に入りこんでいたインドラ神を見た。インドラは彼女にたずねた。

「お前は何のために来たのか？　また、どうやって私を見つけたのか？」

そこで彼女はナフシャの所行を語った。

「彼がインドラ（神々の王）の位についた時、彼は力に酔って高慢になり、邪《よこしま》な性格となって、自分に仕えるようにと迫りました。もしあなたが私を救って下さらなければ、彼は私を自由にしてしまうでしょう。私は彼に苦しめられてあなたのもとに来たのです。あの恐ろしいナフシャを殺して下さい。本来の姿を現し、威光（テージャス）をとりもどして、神々の王国を統治して下さい。」

するとインドラは答えた。

「今は勇武の時ではない。ナフシャはより強力である。聖仙たちが彼を強大なものとしたから。しかし、私に一つの策がある。お前は彼のところへ行ってこう言いなさい。——世界の主よ、聖仙たちに担われる神々しい輿に乗って私のもとに来なさい。そうすれば、私は喜んであなたのものになるでしょう、と。」

シャチーは承知してナフシャのもとに行った。ナフシャは彼女を見て驚き、歓迎して、何でも望みをききとどけると約束した。彼女は言った。

「これからは、あなた様は私の夫となるでしょう。そこで一つお願いがございます。インドラは乗るための馬と象と車を持っていました。ですから、あなた様も、ヴィシュヌやシヴァや鬼神たちでさえ持っていないような、前代未聞の乗物を持っていただきたいのです。あなたは輿に乗って、すべての聖仙たちにかつがせなさい。そうすれば、あなたの威光はいやがうえにも高まり、誰もあなたに反抗しないでしょう。」

ナフシャは、聖仙を乗物にするというこの提案に満足した。そして、彼女を帰らせてから、この不敬な力に酔った悪人は聖仙たちを天車につないで、彼らに車を担わせた。

シャチーはナフシャと別れてから、ブリハスパティに言った。

「時間がありません。すぐにシャクラを探して下さい。」

ブリハスパティは承知した。そして、「邪悪なナフシャは無法にも聖仙たちを乗物にしたことで死ぬであろう」と予言して彼女を慰めた。それからブリハスパティは、インドラを探すために火を供養し、姿を現した火神にインドラを探してくれと要請した。しかし、火神はもどって来て報告した。

「私は神々の王をどこにも見出すことができなかった。ただ、水中は探さなかった。水には入れないから。」

しかし、ブリハスパティがなおも強く要請したので、火神は必ずインドラを見つけ出すと誓って、海や池を探した。そしてインドラのいる池に行き、蓮の繊維の中にいるインドラを見つけると、もどってブリハスパティに報告した。そこで、ブリハスパティは神々や聖仙や半神たちとともに出かけ、インドラの過去の業績を讃え、

「神々ともろもろの世界とを守護して下さい。力をとりもどしなさい。」

と頼んだ。インドラは讃えられると、次第に本来の姿にもどり、力に満ちあふれていった。彼は師のブリハスパティにたずねた。

「トゥヴァシュトリの子（ヴィシュヴァルーパ）は死に、ヴリトラも滅んだのに、このうえ何をすればよいのか？」

「人間の王ナフシャが神々の王となり、我々を悩ませている。」

インドラはナフシャが神々の王となったいきさつをブリハスパティにたずねた。そこでブリハスパティは、ナフシャが王となり強大な力を得るにいたった事情をすべて語った。インドラが世界の守護神たち（クベーラ、ヤマ、ヴァルナ）とナフシャを殺す方法を考えているところに、偉大なるアガスティヤ仙（第四話参照）がやって来て、インドラと神々に挨拶してから、ナフシャが神々の王位から堕ちたことを報告した。インドラは喜んで、ナフシャが天界から堕ちた事情を彼にたずねた。アガスティヤ仙は次のように語った。

聖仙たちはナフシャを運んでいるうちに疲れ、彼に質問をした。

「犠牲の牛に水を灌ぐ際にヴェーダに説かれたマントラ（聖句）は権威があるかどうか？」

翳質《タマス》によって心迷えるナフシャは、「ない」と答えた。そこで聖仙たちは言った。

「あなたは法《ダルマ》を知らない。我々にとって、偉大な聖仙たちにより過去に唱えられたものは権威である。」

ナフシャは聖者たちと論争しているうちに、非法《アダルマ》にうちひしがれて、その足で私（アガスティヤ）の頭に触れた。そのために彼は威光（テージャス）を失い、幸運に見捨てられてしまった。私はとりみだし恐怖に打ちのめされている彼に告げた。

「汝は古賢らに発せられ、梵仙たちに唱えられ実修された神聖なるヴェーダを非難し、足で私の頭に触れ、また梵天にも等しい聖仙たちを乗物とした。その罪により、栄光を失い、福徳も尽きて、天界から地上に堕ち、一万年の間、大蛇の姿でさまようであろう。しかし、その年月が過ぎたら、再び天界にもどれるが。」

かくてこの邪悪な男は、神々の王位から堕ちたのである。

アガスティヤの話を聞くと、インドラは神象アイラーヴァタ(12)に乗り、神々とともに天界にもどってシャチーと再会し、再び神々の王位についたのである。(『マハーバーラタ』五・九―一八)

この長い神話は種々の問題を孕んでいる。冒頭に、トゥヴァシュトリ(工巧神)がインドラを害そうとしたと唐突に述べられている。彼がなぜインドラに敵意を持ったか明らかでないが、おそらく『リグ・ヴェーダ』(四・一八・三)やその他によって暗示された神話と関係するものと思われる。インドラはトゥヴァシュトリの家において、百頭の牝牛に値するソーマを飲んだというのである。更に、四・一八・一二(辻訳一七〇頁)には、インドラが足をとらえて父を殺し、彼の母を寡婦となして、神々の同情を失ったとあるが、この「父」はトゥヴァシュトリを指すとする説がある。

インドラがヴィシュヴァルーパを殺した神話は、まず『リグ・ヴェーダ』(一〇・八・八)に説かれる。そこでは、インドラはこのバラモン殺しをトリタ(Trita)という神に代行させている。トリタは、『アヴェスター』において三つの頭の竜アズィ・ダハーカ(Azhi Dahaka)を殺すスリタ(＝スラエータオナ)(Thrita)に相当する古い神格である。彼は本来インドラが負うべき罪や汚れをひき受ける一種のスケープゴートの役割を果たしている。ジョルジュ・デュメジルがこのインドラ＝トリタの構造を重視したことについては、吉田敦彦氏の紹介(『比較神話学の現在』、みすず書房、二六―三〇頁)を参照されたい。トゥヴァシュトリがヴィシュヴァルーパを造り、インドラがそれを殺す神話は、多くのブラーフマナ文献に伝えられている。

トゥヴァシュトリの子(ヴィシュヴァルーパ)は三つの頭、三つの口を持っていた。一つの口でソーマ液を飲み、一つの口で酒を飲み、一つの口で食物を食べた。彼はアスラ(阿修羅)女の息子であって、公けには神々に好意的に語ったが、蔭ではアスラたちのために好意的に語った。インドラは彼を恐れて殺そうと考え、ヴァジュラでその頭を切った。ソーマを飲んだ頭は山鳥(カピンジャラ)となり、酒を飲んだ頭は雀(カラヴィンカ)となり、食物を食べた頭は鷓鴣(ティッティリ)となった。

息子を殺されたトゥヴァシュトリはインドラを除外してソーマ祭を行なった。そこでインドラは彼を殺す決意をし、ヴァジュラを手に持って彼を襲った。トゥヴァシュトリは神妃（パトニー）たちのもとに難を逃れた。インドラはトゥヴァシュトリの家に現れて、ソーマを飲みほして立ち去った（『リグ・ヴェーダ』四・一八・三を前提とする）。トゥヴァシュトリはソーマの残滓を火中に投じ、「インドラの敵となれ」と唱えた。それはヴリトラとなった。（『ジャイミニーヤ・ブラーフマナ』二・一五三―一五五）

『マハーバーラタ』の神話で、切られたヴィシュヴァルーパの三つの頭から三種類の鳥が飛び立ったと伝えられたことは、ブラーフマナで説かれたことに基づいているわけである。ただし、インドラがヴィシュヴァルーパを恐れた動機が異なる。『マハーバーラタ』では、三つの口のうちの一つが全世界を呑むかのようであったからとされているのに対し、このブラーフマナでは、ヴィシュヴァルーパが蔭でアスラに好意的に語っていたからであるとされる。また、『マハーバーラタ』では樵（takṣan）が登場し、ヴィシュヴァルーパの三つの頭を斧で切る。どうしてインドラ自身が頭を切らないのか不可解な個所だが、我々はこの樵のエピソードに、『リグ・ヴェーダ』のトリタが果たした役割の名残りを見出すことができよう。

第二のヴリトラとの戦闘の神話であるが、トゥヴァシュトリが火中に供物を投じて「インドラの敵」ヴリトラを造り出したところまではブラーフマナに出ているが、インドラが黎明に、泡でもってヴリトラを殺したというモチーフは、むしろナムチの物語と結びつく。インドラが悪魔（ダーサ）ナムチを殺した話はすでに『リグ・ヴェーダ』に散見され、水泡を用いたことも説かれている（例えば八・一四・一三）。この物語はまた、幾つかのブラーフマナ文献にも伝えられている。

インドラはヴリトラを殺し、アスラたちを殺したが、アスラのナムチだけは彼よりも優勢だった。そこで和平を結んだが、その時ナムチは、「乾いたもの、湿ったものによって自分を殺してはならぬ。昼においても夜においても……」という条件をつけた。そこでインドラは、黎明に、水の泡でもってナムチの頭を回転させた。それは、「友を裏切った者！」と叫びながら、インドラの後を追って旋回した。（『タイッティリーヤ・ブラーフマナ』一・七・一）

『シャタパタ・ブラーフマナ』においては、ナムチの物語はヴィシュヴァルーパを殺す話（一二・七・一）の直後に置かれている。アスラのナムチはインドラの精気を奪ってしまう。

医術に長けたアシュヴィン双神とサラスヴァティー女神が彼を治療し策を授ける。インドラは黎明に水泡でナムチを殺す（一二・七・一―三）。すなわち、『マハーバーラタ』において、インドラが黎明に水泡でヴリトラを殺すモチーフは、明らかにナムチ退治の物語から採用されたものであることがわかる。ところで、『マハーバーラタ』の本文には、インドラはヴァジュラとともに泡を投げつけたとあるのだが、ヴァジュラを用いることは条約で禁じられているので、最初に掲げた梗概においてはヴァジュラについて言及しなかった。インドラがヴァジュラを用いたことに彼の罪過を見出す説もあるが字句にとらわれすぎた解釈であろう。バラモン（ヴィシュヴァルーパ）殺しと、偽りの和平を結んでヴリトラを殺したという二点のみで、インドラの罪過は十二分に成立する。

『ジャイミニーヤ・ブラーフマナ』（二・一三四）には、インドラの罪過として、三つの頭のヴィシュヴァルーパを殺したこと、条約にそむいて悪魔ナムチの頭を切断したこと、その他があげられている。(13)このナムチの物語も、デュメジルによってとり上げられて、ローマの歴史伝説と比較されている。(14)なお、悪魔ナムチは初期の仏伝（『スッタニパータ』四二五―四四九）にも登場し、釈尊の修行を妨害しようとして失敗する。

第三のナフシャの物語は、第一、第二の神話と比べると全くその性格を異にする。『マハーバーラタ』の編者は、古来よく知られた二つの神話の後に、この新しい物語を接合したのである。この物語は、高徳な王であったナフシャが神々の王位についたとたん堕落し、罰をうけるという話である。なお、ナフシャがインドラの罪状を挙げ、聖仙の妻アハリヤーを犯したと言っているのは、次のような伝説を指している。

インドラはガウタマ仙の妻のアハリヤーに欲情を抱き、聖仙の不在中、聖仙のなりをして彼女に近づいた。彼女はインドラが聖仙に変装していることに気づいたが、神々の王と寝たいものと望み、彼の誘いにのった。しかし、やがて帰って来たガウタマ仙はこのことを知り、怒ってインドラを呪い、彼の睾丸をとってしまった。それからアハリヤーにも呪詛をかけ、その結果、彼女は数千年の間誰にも見られることなくその場で苦行を続けなければならなくなった。しかし聖仙は、ラーマ王子がその場所に来た時、彼女の呪いは解けるという制限をつけた。

シャクラ（インドラ）は祖霊たちに羊の睾丸をつけてもらった。そして、アハリヤーはラーマ王子に会って呪詛から解放され、ラーマたちを款待し、再びガウタマ仙の貞節な妻となった。（『ラーマーヤナ』一・四八—四九）

その他、アハリヤーに対する呪詛の結果は種々の形で伝えられ、彼女が石に変えられたという話もある。

この第六話の神話は、司祭階級であるバラモン（トゥヴァシュトリ）と戦士階級であるクシャトリヤ（インドラ）との闘争に始まり、バラモンを侮辱したクシャトリヤ（ナフシャ）が呪われて大蛇に変えられるという話で終わる。神々の王インドラでさえ、バラモン殺しの罪を犯したら、長年の間、力を失って身を隠さなければならなかった。次に紹介するヴァシシタとヴィシュヴァーミトラの物語も、クシャトリヤに対するバラモンの優越を説く有名な神話である。

(10) インドラはガウタマ仙の妻アハリヤーと交わった。一三三頁参照。
(11) 夜に聞こえる超自然的な声。女神として神格化された。予知能力を持つ。
(12) アイラーヴァナともいう。インドラの乗物。大海の攪拌の時に海中から出た（二七四頁参照）。
(13) 辻直四郎『古代インドの説話』八九頁。
(14) 吉田敦彦『比較神話学の現在』三〇―三二頁。

第七話　ヴァシシタとヴィシュヴァーミトラ

カニヤクブジャ（カナウジ）にヴィシュヴァーミトラという立派な王がいた。ある日、この王は狩猟に出かけ、獣を追い求めているうちにヴァシシタ仙の隠棲処に入り、聖者《ムニ》の款待をうけた。この偉大なるヴァシシタ仙は、望みのものを何でも出すという如意牛（カーマ・デーヌ）を所有していた。それはナンディニーという名の牝牛であった。

王たちはこのすばらしい牝牛のもたらした品々によって款待されたのであった。王はすっかり満足し、無数の牝牛か、あるいは自分の王国とひきかえに、ナンディニーを譲ってくれと聖者に頼みこんだ。しかしヴァシシタは、神々に供物を捧げるためにナンディニーは必要であるから、譲ることはできないと言って拒絶した。

そこでヴィシュヴァーミトラは武人（クシャトリヤ）の法たる武力を行使して、力ずくで牝牛を奪おうとした。牝牛は無理やりにつれ去られようとした時、鳴き始め、ヴァシシタの方をふり返ってどうしても動こうとしなかった。しかしヴァシシタは、牝牛の嘆きの声を聞いても、バラモンとしての法を守り、力を行使することはせずに忍耐していた。牝牛は言った。

「御主人様、恐ろしいヴィシュヴァーミトラの兵たちに石や杖で打たれ、寄る辺のないもののように泣く私を、どうして見捨ておかれるのですか？」

ヴァシシタは答えた。

「武人の力は威光（テージャス）であり、バラモンの力は忍耐である。忍耐が私をとらえて離さない。それゆえ、もし欲するならば行くがよい。」

「御主人様、そんなことをおっしゃるとは、私は捨てられたのですか？　もしあなた様が私を捨てないなら、誰も私を力ずくでつれて行くことはできません。」

「愛しいものよ、私はお前を捨てはしない。もしできるなら、とどまるがよい。」

牝牛は、彼が「とどまれ」と言うのを聞くと、頭と首を上方に曲げて、恐ろしい姿を現した。彼女は怒りで眼を赤くして、大声で吼え、ヴィシュヴァーミトラの兵をいたるところで蹴ちらした。彼女は憤って種々の蛮族たちを作り出した。その尾からパフラヴァ族を、その尿からヤヴァナ族を、その口から出す泡によりプンドラ族、キラータ族、ドラミダ族、シンハラ族、バルバラ族、ダラダ族、ムレーッチャ族たちを作り出した。そしてこれらの蛮族たちにより、ヴィシュヴァーミトラの眼前で、その兵士たちを粉砕した。ヴィシュヴァーミトラはバラモンの力（テージャス）より生ずる大なる奇蹟を見て、クシャトリヤであることが厭になり、次のように考えた。

「クシャトリヤの力なんて空しい力だ。バラモンの力こそ真の力だ。結局、修養・苦行（タパス）のみが最高の力である。」

そこで彼は広大なる王国を捨て、輝かしい王の富貴を捨て、もろもろの享楽を後にして、苦行にのみ専念した。彼は苦行によって成就に達し、威光（テージャス）により諸世界を満たし、輝かしい威光をもって一切を熱し、ついにバラモンの位に達した。そして彼はインドラとともに、絞り出されたソーマを飲んだ。（『マハーバーラタ』一・一六五）

この神話は、クシャトリヤに対するバラモンの優越を示す一例であるとともに、不可変を原則とする四姓制度において、クシャトリヤがバラモンに変わったとする極めて稀な例とされる。

四姓とは、いうまでもなく、バラモン（司祭）、クシャトリヤ（王族、武士）、ヴァイシヤ（実業者）、シュードラ（従僕）の四階級であり、バラモン教においては当然のことながら、それらのうちでバラモンが最も尊いとみなされたことは、『リグ・ヴェーダ』の「原人讃歌」（第一章、四〇頁参照）からも明らかである。

四姓は社会の大きな枠組を理論的に分けたものであるが、四姓のうちの一つの種姓（ヴァルナ）に属するものが他の種姓に変わることは絶対に不可能であり、種姓間の結婚は原則として禁じられていた。(15) ヴィシュヴァーミトラの伝説は、この種姓の不可変性に対する例外として、吉田敦彦氏によっても紹介されている。(16) しかし吉田氏は、この神話の意味を次のように分析されている。

「この種の伝説はしかしながら、インド人にとって種姓の変更が必ずしも不可能でないことを教えたものではけっしてない。……インドにおいては、古来ただ婆羅門の子弟のみが婆羅門になり得る。下位の種姓の者にとっては、婆羅門に昇進する道は完全に閉鎖されている。したがって、インド人がこのヴィシュヴァミトラの伝説を通して感得するのはもっぱら、婆羅門の地位がもっとも強力なクシャトリヤに対してすら、いかに絶対的に優越するものであり、諸人の無条件の畏敬に値するものであるかという教えなのである。

このようにインド的コンテクストにおいては、ヴィシュヴァミトラの事例も、不抜の志を立てひたすら精進を怠らぬなら、たとい下位の種姓に生まれた者でも諸人に冠絶する婆羅門の地位に到達することができるという先例とはなり得ない。それはむしろ種姓の変更が、聖典ヴェダの作者の一人として伝えられる半神的大聖人ヴィシュヴァミトラにしてはじめて成就し得た至難事であり、常人にはまったくの不可能事であることを暗示するものなのである。」（二七—二八頁）

ヴィシュヴァーミトラはヴェーダの聖仙（詩人）の一人で、『リグ・ヴェーダ』第三巻の「作者」であると伝えられる。彼は『ラーマーヤナ』第一篇では更に重要な役割を演じ、この如意牛をめぐるヴァシシタとの争いも、そこでより詳しく物語られている。以下にそのあら筋を紹介する。

ある日、ヴィシュヴァーミトラ王は軍隊に囲まれて巡回しているうちに、ヴァシシタ仙の隠棲処に到着した。ヴァシシタは王を款待し、そしてシャバラーというあらゆる願いをかなえる牝牛に言いつけてごちそうを出し、王の一行を手厚くもてなした。王は満足して、一万頭の牛その他の高価な品物とシャバラーを交換しようとしたが、ヴァシシタに断われ、ついにその牝牛をひそかにつれ出した。シャバラーはヴァシシタのもとに逃げ帰り、彼の命に従ってさまざまな蛮族たちを生み出し、ヴィシュヴァーミトラの軍を潰滅した。

ヴィシュヴァーミトラはヒマーラヤ山中で苦行し、シヴァ神の恩寵を得て偉大な力を獲得し、神からもらった矢を放ってヴァシシタ仙の苦行林を焼き払った。ヴァシシタは大いに怒って、梵天の棒を振り上げてヴィシュヴァーミトラに襲いかかり、ヴィシュヴァーミトラの放ったすべての兵器をその棒でたたき落としてしまった。ヴァシシタは聖仙の群になだめられて平静にもどったが、ヴィシュヴァーミトラの方は屈辱に沈みこみ、「クシャトリヤの力なんて空しい力だ」と思い、バラモンになるために激しい苦行を行なうことにした。一千年後に、梵天が彼の前に現れ、彼を王仙（ラージャルシ、「王族出身の聖仙《リシ》」の意）の位につけた。（『ラーマーヤナ』一・五一―五七）

ここで注目すべきは、ヴィシュヴァーミトラが王仙になったのみで、いまだバラモンの地位を獲得していない点である。『ラーマーヤナ』のヴィシュヴァーミトラ伝説はまだまだ続く。王仙になっても満足しなかったヴィシュヴァーミトラは、更に激しい苦行を続行し、後についに梵仙（ブラフマルシ）の位に達する（一・六五）。その間、彼が遺憾なくその力を発揮してその名声を周知のものとしたのは、次に述べるトリシャンク王の伝説においてであった。

(15) いわゆるカースト制度については、中村元『ヒンドゥー教史』山川出版社、五九頁以下、及び山崎元一『インド社会と新仏教』刀水書房、一八〇頁以下を参照されたい。
(16) 吉田敦彦『日本神話と印欧神話』弘文堂、二五―二七頁。

第八話　南十字星になった王

イクシュヴァークの家系にトリシャンクという立派な王がいた。この王は、「祭祀を行なって、生きたままで神々の最高の帰趨（天界）に赴きたい」と願い、ヴァシシタ仙に相談した。しかしヴァシシタからそれは不可能であると拒絶され、今度はヴァシシタの百人の息子たちが苦行しているところに行き、自分が生きたままで天界へ行けるように祭祀を行なってくれと懇願した。しかし、百人の息子たちはこの大それた願いを聞くと憤り、ヴァシシタに拒絶されたことがどうして我々にできるかと言って断わった。トリシャンクが、それでは他の人のところに行って頼むと言うと、彼らは怒りにかられ、

「チャンダーラ(17)（不可触民の一種）になってしまえ。」

と、呪詛をあびせかけた。その結果、トリシャンクはチャンダーラとなり、みじめな姿でさまよい、ヴィシュヴァーミトラのもとに庇護を求めた。ヴィシュヴァーミトラはわけを聞くと同情し、聖仙たちを招いて祭祀を行ない、生きたままで天界に行きたいという彼の願いをかなえてやると約束した。そして聖仙たちを招待したが、ヴァシシタ仙の百人の

息子たちだけはやって来なかった。ヴィシュヴァーミトラは怒って彼らを呪った。

「あの愚者たちは灰になってしまえ。そして生まれ変わったら不可触民・身障者・ニシャーダ族となれ！」

ヴィシュヴァーミトラは集まった聖仙たちとともに祭祀を行なった。それから、彼は供物の分配のために神々を招待したが、一人の神もやって来なかった。そこで怒りにかられた彼は、

「私の苦行の力により生きたままで天界へ昇れ！」

とトリシャンクに告げた。するとトリシャンクは生きたままで天界に昇り始めた。しかし、インドラが神々とともに、

「トリシャンクよ、天界にはお前の住むところはない。真っさかさまに地上に堕ちろ。」

と言ったので、すぐにトリシャンクは落下し始めた。ヴィシュヴァーミトラは彼の助けを求める声を聞くと激しく憤って「とどまれ、とどまれ！」と叫び、南方に新しい星座を創造し、更に、

「私は別のインドラを作る。それとも、この世界はインドラのいないものとなれ。」

と言って、神々をも創造しようと企てた。そこで神々や聖仙たちやアスラたちは大いにあわてふためき、彼をなだめた。

「王は師《グル》に呪われて破滅しています。肉体を持ったままで天界に行くことは適切でありません。」

しかし、ヴィシュヴァーミトラは、いったん約束したことだと言って、自分のしたことを承認してくれと神々に要請した。神々は「その通りにしよう」と承知して、トリシャンクの住む天の位置を定め、そこで彼が頭を下にしてとどまるようにはからった。(かくて、トリシャンクは南十字星となる。)(『ラーマーヤナ』一・五七—六〇)

トリシャンクのとどまる天界は神々のいる本来の天界よりも下の方に設定されている。これは、インドにおいては、南十字星が地平線近くの下方に見えることからそのように設定されたのではないか。

ヴィシュヴァーミトラの苦行は更に続けられる。ところが、彼は天女メーナカーの魅力に負けて十年間同棲したので、彼の苦行の果報は消え失せてしまう。彼は神々がメーナカーを派遣して自分の苦行を妨害したのだと知るが、メーナカーを許して去らせ、再び激しい苦行に入る。(『ラーマーヤナ』一・六三)

このメーナカーとの情事は、『マハーバーラタ』におけるシャクンタラー物語に結びつく。シャクンタラーはヴィシュヴァーミトラとメーナカーとの間に生まれた娘である。

(17) チャンダーラについては、山崎元一『インド社会と新仏教』二一五頁以下を参照されたい。

第九話　シャクンタラー物語

昔、パウラヴァの家系に、ドゥフシャンタという強力な帝王がいた。ある日、この王は軍隊をひきいて奥深い森へ狩に出かけた。王は無数の獣を殺したが、狩に熱中しているうちに、別の森に入りこんでしまった。王は飢えと渇きに悩まされながらも、森の果てに達し、大きな荒地を過ぎ、他の美しい森に入り、そこに気持のよい隠棲処を見出した。そして、思い思いの修行をしている隠者たちを見ているうちに、カーシュヤパ仙(カンヴァ)の聖域に足をふみ入れた。

王は大臣たちを残して、一人で庵をたずねたが、かの聖仙はそこにいなかった。彼が大声で「誰かいますか?」と呼ぶと、その声を聞いて、苦行者の衣をまとった、シュリー(吉祥天女)のように美しい少女が庵から出て来た。その黒い瞳の少女は、王を見て挨拶し、いろいろともてなしてから、「何の御用ですか」ときいた。王は彼女がどこも非のうちどころのない体をしているのを見て、彼女にこう言った。

「私は偉大なるカンヴァ仙に敬意を表するために訪問したのだ。聖仙はどこへ行かれたのか?」

女は答えた。

「お父様は果実を集めに外出いたしました。しばらくお待ち下さればもどってまいります。」

王は美しい腰つきの彼女を見てたずねた。

「あなたは誰か。誰の娘なのか。何のために森に来ている。どこから? あなたを見たとたん、私の心は奪われてしまった。私はあなたのことを知りたく思う。答えて下さい。」

少女は、「私はカンヴァ仙の娘です」と答えた。王は訝《いぶか》った。

「節操のかたいカンヴァ仙は、たとい道徳の神(ダルマ)自身が道からはずれたとしても、不犯の戒を破ることはなかろう。どうして彼に娘が生まれるのか?」

そこでシャクンタラー(娘の名)は、カンヴァの口から聞き知った自己の出生の秘密を語った。——

周知のように、王仙ヴィシュヴァーミトラは激しい苦行を行なっていた。神々の王インドラは、その苦行によって生じたエネルギーが自分を王座から追い落とすのではないかと恐れ、天女（アプサラス）のメーナカーに、その美貌によりヴィシュヴァーミトラを誘惑し、彼の苦行を妨害してくれと頼んだ。メーナカーはこのあまりにも高名な聖仙を恐れてしりごみしたが、インドラの命とあっては断われず、風神をともなってカウシカ（ヴィシュヴァーミトラ）の隠棲処に行った。

彼女は聖仙に挨拶し、そのそばで戯れた。その時、風が彼女の衣を吹き払った。彼女は衣を抱きしめながら地に倒れ伏し、恥じらいつつ、風に向かってなじるようにほほえんだものだ。聖仙は、たとえようもなく若くて美しい裸のメーナカーを見て、愛欲のとりこになり、彼女と交わった。二人は森で長い間、それが一日であるかのように楽しい時を過ごした。

こうして、シャクンタラーはヒマーラヤ山中のマリニー川畔で生まれた。しかし、彼女が生まれるとすぐに、メーナカーはマリニー川の岸に彼女を捨てて去り、速やかにインドラのもとにもどって行った。幼児が荒地に捨てられているのを見て、鳥たちはそれを囲んで守っていた。そこにカンヴァ仙が来て、彼女を家につれ帰り養女とした。そして、鳥（シャクンタ）によって守られ（ラーヤテー）ていたので、シャクンタラーと名づけられたのであった。

この話を聞いて、ドゥフシャンタ王は、シャクンタラーが自分と同じ王族の出であると知って、彼女に求婚した。(18) シャクンタラーは父（カンヴァ）のもどるまで待って下さいと頼んだ。しかし王は、クシャトリヤにとってはガンダルヴァ婚（恋愛結婚、一五四頁参照）は合法的であると言って、ガンダルヴァ婚の作法によって結婚しようと迫った。そこで彼女は、生まれた子を皇太子の位につけるようにという条件を出した。王は躊躇することなく承知して、彼女の手をとって結婚し、彼女と交わった。

王はいろいろと彼女を慰めてから出発した。

「あなたのために軍勢を派遣して、あなたを王宮につれて行こう。」

と、何度も約束したが、心の中ではカーシュヤパ（カンヴァ）仙のことを気にかけていた。

「偉大なる苦行者はこのことを聞いたらどうするだろうか？」

そう考えながら、王は自分の都に帰った。

王が出発してからほどなくして、カンヴァは隠棲処にもどった。シャクンタラーは恥ずかしくて父のそばに近寄れなかった。偉大なる仙者は神通力によってすべてを知ると、喜んでこう言った。

「お前は今日、私に無断で男と交わったが、それは法《ダルマ》にそむくことではない。クシャトリヤにとってガンダルヴァ婚は最上であるといわれる。それに、お前が交わったドゥフシャンタは立派な夫である。お前には世にもすぐれた息子が生まれ、その子は全世界を征服するであろう。」

彼女は隠者《ムニ》の足を洗い、荷物をおろし、果実を一個所に置き、疲れのとれた隠者に言った。

「私はこのドゥフシャンタという最高の人を夫に選びました。彼に恩寵をかけて下さい。」

カンヴァは言った。

「私は彼に恩寵を授ける。お前のために……。彼のために望みのことを何でも選べ。」

そこで彼女は、パウラヴァ家が決して衰えることのないようにと願った。

やがて、彼女はすばらしい息子を生んだ。その子は六歳になると、ライオン・虎・猪・水牛・象たちと遊び戯れた。そこで隠者たちは、彼をサルヴァダマナ（「一切を服従せる者」の意）と呼んだ。その子の超人的な行為を見て、カンヴァ仙はシャクンタラーに、

「彼が皇太子となる時がきた。」

と言って、弟子たちに命じた。

「今日、お前たちは速やかにここを発ち、シャクンタラーとその息子を王のもとにつれて行け。人妻が親たちと長く住むのはよろしくない。それは彼女の名声と徳行と義務《ダルマ》をそこ

なうことだ。それゆえ、すぐに彼女をつれて行け。」

弟子たちは承知して、シャクンタラーとその息子につきそって、ハスティナープラ（ドゥフシャンタの首都）の都へ向けて出発した。

シャクンタラーは息子をつれて王のところに行き、挨拶をしてから言った。

「これはあなたの息子です。彼を皇太子の地位につけてやって下さい。約束を果たして下さい。」

王はこれを聞くと、すぐに思い出したのだが、なぜかこう言った。

「余はおぼえていない。邪悪な女行者よ。お前は誰の女か？　余はお前と関係を持ったおぼえはない。だが、去ろうととどまろうと勝手にするがよい。」

これを聞いてシャクンタラーは恥ずかしくてたまらなくなり、苦悩にうちひしがれて樹木のように動かずに立ち尽くした。彼女の眼は興奮と怒りで赤くなり、唇はわななき、焼き尽くすかのような視線を王に投げかけた。しかし彼女はたかぶる気持をおさえてこう言った。

「大王さま、あなたは御承知なのに、どうしてつれなく知らないと言われるのです。あなたの心は知っている。あなたが真実と虚偽との証人です。自分自身をおとしめてはなりませぬ。あなたは狩をしていて、私に近づいた。私は数ある天女のうちでも最も美しいメーナカーと、偉大なヴィシュヴァーミトラ仙との娘です。幼い時、母に捨てられ、今またあなたに捨てられるとは、私が前世でどんな悪行をしたというのか。あなたは私を捨ててもかまいません。私は隠棲処へもどります。しかし御自分の生ませたこの子を、御自身で捨てることはよろしくありません。」

ドゥフシャンタは言った。

「余はこれがお前に生ませた子であると認知しない。女というものは嘘つきだ。誰がお前の言葉を信じるものか。お前の母はメーナカーで、お前を捨てた薄情な浮気女だと？　お前の父はヴィシュヴァーミトラで、愛欲におぼれただと？　メーナカーは最高の天女で、ヴィシュヴァーミトラは大仙のうちでも第一人者だ。娼婦のようなお前がどうしてその二人の娘だというのだ。そんな信じがたいことを言って恥ずかしくないのか？　しかも余の前で！　邪悪な女行者よ、行ってしまえ。あの峻厳な大仙や天女メーナカーが、みすぼらしい行者の衣を着たお前と関係があるなんて！　それに、お前の息子は大きすぎる。どうしてわずかな間に棕櫚の幹のように成長したのか。お前の言うことはすべて信じがたいことばかりだ。余はお前を知らぬ。すきなところへ行ってしまえ。」

シャクンタラーは言った。

「もしあなたが虚偽に執着し、自分自身をいつわるなら、どうしようもありません。あなたのような方とは一緒になりたくありません。あなたなしでも、私の息子は全世界を統治するでしょう。」

そう言ってシャクンタラーが出発しようとした時、空から声が聞こえて、祭官・司祭・王師・大臣たちに囲まれているドゥフシャンタに告げた。

「母は革袋にすぎぬ。父から生まれた息子は父自身である。ドゥフシャンタよ、息子を抱け。シャクンタラーを侮辱してはならぬ。汝がこの子を作ったのだ。シャクンタラーは真実を語った。この子を抱け。そしてバラタと名づけよ。」

王は天の声を聞くと非常に喜んで、司祭や大臣たちに言った。

「諸卿、神の使者のお告げを聞け。余自身、彼がわしの子であることを知っていたのだ。しかし、彼女の言葉だけで彼を余の息子としてうけいれれば、人々の間に疑惑が生じ、決して晴れることはなかったであろう。」

王は喜んで神の使者により証明された息子をうけいれた。息子に触れた王は最高の歓喜を得た。そして、法《ダルマ》を知る王は、妻を法にのっとってもてなした。それから、次のように言って妻を慰めた。

「あなたとの結びつきは人の見ていないところで行なわれた。王妃よ、だから余はあなたに対する疑惑を晴らすために躊躇していたのだ。あなたが憤って、余に乱暴な言葉を言ったとしても、それは愛からであるので、余は気にしていない。」

ドゥフシャンタは王妃にこう言って、衣服や食物や飲物を与えて彼女をもてなした。それから、彼は息子をバラタと命名し、皇太子の位につけた。やがてバラタは全世界を征服し、理想的な帝王となった。バラタを祖としてバラタ（バーラタ）族ができ、その家系には卓越した諸王が輩出したのである。（『マハーバーラタ』一・六二―六九）

これがシャクンタラーの物語である。この物語は、詩聖カーリダーサの戯曲『シャクンタラー』（Śakuntalā, Abhijñānaśākuntalam）により不朽化された。『シャクンタラー』はカーリダーサの戯曲のうちで最も有名であるのみならず、インド古典劇の中でも最高傑作といわれる。この作品は古くから西欧にも紹介され、一七八九年にウイリアム・ジョーンズが英訳して以来、ヨーロッパの文人たちに愛好され、ゲーテがその独訳を読んで讃辞を述べたことはあまりにも有名である。ゲーテは『ファウスト』の序曲の構想を『シャクンタラー』の序幕から得たといわれる。この戯曲はわが国でもしばしば翻訳・紹介されている。(19) 以下にそのあら筋を掲げる。

ドゥフシャンタ王は狩猟の途中、カンヴァ仙の隠棲処でシャクンタラーと出会う。彼女は高名なヴィシュヴァーミトラ仙と天女メーナカーとの間に生まれたが、カンヴァ仙に養女として育てられたのであった。王とシャクンタラーとは、一目会った時から相思相愛の仲となり、やがて結ばれる。（ただし、二人が結ばれる場面は、舞台では暗示されているのみである。）王はかたみに自分の指環を彼女に与えて王宮に帰る。

シャクンタラーは王のことをのみ思い続けていて、怒りっぽいドゥルヴァーサス仙の接待を怠り、聖仙の呪いをうける。それは、王が彼女のことをすっかり忘れ果ててしまうという呪いであった。ただし、聖仙は呪詛に期限をつけ、王が思い出の品（指環）を見る時に彼女のことを思い出すと予言した。

やがて妊娠したシャクンタラーは、養父の隠棲処を出て王宮に行くが、王は彼女のことをすっかり忘れていて、うけいれることを拒絶する。そこで彼女は指環を見せようとするが、途中でそれを落としてしまっていたので、王の記憶はもどらない。その時、悲嘆にくれた彼女は、女の形をした光明にさらわれて消え去る。

やがて王は指環を見出して記憶をとりもどし、シャクンタラーとの別離を嘆くが、インドラ神の要請により悪魔を征伐しに出かけ、その帰りに息子と会い、シャクンタラーとも再会して大団円となる。

カーリダーサはこの物語をこよなく優雅な戯曲に仕立てている。『マハーバーラタ』の物語においては、シャクンタラーは養父の留守中に隠棲処を訪れたドゥフシャンタ王と即座にガンダルヴァ婚で結ばれる。ガンダルヴァ婚とは、古代インドの婚姻法の一つで、娘とその恋人との意志により結合し、愛欲より発して性的結合を目的とする結婚であり、要するに自由恋愛により結ばれる場合である（例えば『マヌ法典』三・三二参照）。この婚姻法は、当然のことながら道学者によってはあまり勧められないが、この物語にも説かれているように、王族（クシャトリヤ）には許容されている（『マヌ法典』三・二三、二六）。これは人間の本能に基づくものであるから、好んで文学の主題とされ、律法経（ダルマ・スートラ）や家庭経（グリヒヤ・スートラ）の中ですら称讃され、あらゆる階級に適するといわれる場合もある。[20] ところが、カーリダーサは、シャクンタラーと王が結ばれるまでの過程を、雅やかな心理劇に変え、二人の結婚は暗示されているのみである。

また、『マハーバーラタ』においては、王がシャクンタラーを拒絶した理由があまり説得力を持たない。彼女の言葉だけで彼女と息子をうけいれれば人々の間に疑惑が生ずるからと弁明しているが、もし天の声が聞こえなければどうするつもりであったのか？　カーリダーサもこの点が不満であったようで、新たに思い出の指環と仙人の呪詛のモチーフを導入した。

この物語はいくつかのプラーナにも伝えられているが、そのうち『パドマ・プラーナ』(三・一—五)に収められているものはカーリダーサの戯曲と特に類似し、思い出の指環と仙人の呪詛という重要な二要素を含む。このことから、カーリダーサは『パドマ・プラーナ』に基づいて戯曲を作ったと見られることもあるが、むしろ『パドマ・プラーナ』の方が後代に成立し、プラーナの作者がカーリダーサに倣ったと考えた方が妥当である。[21]

さて、ヴィシュヴァーミトラの伝説にもどる。メーナカーとの愛欲におぼれたヴィシュヴァーミトラは、反省して再び苦行の生活に入った。ところが、彼の苦行を恐れたインドラは、今度は天女ランバーを派遣したのである。

(18) シャクンタラーは王仙の娘であるから王族。もしカンヴァ仙の娘であったらバラモンであることになり、王とは結婚できない。
(19) 特に、辻直四郎訳『シャクンタラー姫』岩波文庫、田中於菟弥訳「シャクンタラー」、『インド集』筑摩書房、二七五頁以下。
(20) 辻直四郎「古代インドの婚姻儀式」、『ヴェーダ学論集』岩波書店、二九六頁。
(21) 辻直四郎訳『シャクンタラー姫』一九八頁、辻直四郎『サンスクリット文学史』岩波全書、四七頁。

第一〇話　天女ランバー

ヴィシュヴァーミトラの激しい苦行に満足した梵天は、彼に大仙（マハルシ）の位を授けたが、梵仙（ブラフマルシ）となることをめざしている彼は喜ばず、更に一千年の間、恐るべき苦行を行なった。インドラはそれを恐れ、天女（アプサラス）のランバーに、彼を誘惑して愛欲に迷わせるように命じた。彼女は聖仙の怒りを恐れてなかなか承知しなかったが、インドラは、自分自身コーキラ鳥（郭公）となって愛神（カンダルパ、カーマ）とともについて行くと言って、彼女を元気づけた。

そこで彼女はいろいろとヴィシュヴァーミトラを誘惑した。聖仙はコーキラ鳥の鳴き音を聞き、そして美しい天女を見て、一瞬の間、心を動かしたが、すぐにすべてが千眼を持つ神（インドラ）の罠であると理解して、怒りにかられて天女を呪った。

「ランバーよ、愛欲と怒りとにうち勝つことを願う私を誘惑したからには、お前は一万年の間、石となっておれ。悪女め！」

こうしてランバーは石に化し、愛神もインドラも逃げ去った。一方、ヴィシュヴァーミトラも、怒ったがために心の平静を乱したので反省し、

「このように怒らないことにしよう。また決してしゃべらないことにしよう。そして、百年の間、呼吸しないことにしよう。」

と決心し、バラモンの地位を得るために一千年間の戒行(ディークシャー)に入った。

こうして、彼はついにバラモンの地位を獲得し、ヴァシシタ仙とも和解したのである。

(『ラーマーヤナ』一・六三―六五)

ランバーも、ウルヴァシー(四七―五一頁参照)やティローッタマー(第一一話参照)と並び称される有名な天女(アプサラス)で、特にその美貌によって知られる。『ラーマーヤナ』において、彼女はその美しさのゆえに羅刹王ラーヴァナによって凌辱される。

ランカーの王ラーヴァナは、遠征中、ある月の夜に、カイラーサ山の付近でこのうえなく美しい女を見て愛の矢にうたれ、彼女の手をつかんだ。彼女はナラクーバラ(クベーラの息子でラーヴァナの甥)の妻のランバーと名のり、自分の息子同様の者の妻を襲ってはいけないと言った。しかしラーヴァナは、「天女に夫がいるはずはない」と言って、彼女を岩の上におし倒して凌辱した。やがて解放された彼女は、世にも惨めな有様で、屈辱にふるえながらナラクーバラのところに行ってすべてを話した。怒ったナラクーバラはラーヴアナを呪った。

「今後、お前が厭がる女を無理に犯したら、お前の頭は七つに裂けてしまうだろう！」

その結果、ラーヴァナはランカーに幽閉したシーター（ラーマの妻）に触れることができなかったのである。（『ラーマーヤナ』七・二六）

ラーヴァナが天女に夫なぞいないと言ったのも無理はない。天女は神々の世界の娼婦とみなされるからである。ナラクーバラとても正式の夫とはいいがたい。ランバーは事件の夜、彼と逢引に行ったものである。なお、ランバー（藍婆）という名は、『法華経』の「陀羅尼品」で、十羅刹女《らせつにょ》の先頭に挙げられている。

ところで、インドラをはじめとする神々が苦行を恐れ、天女その他の女性を派遣して苦行の妨害をするという話は枚挙にいとまがない。ヴィシュヴァーミトラの伝説や、前に紹介したダディーチャとアランブサーの話（九九頁参照）はその代表的な例であるが、その他の例として、以下第一一話では天女ティローッタマー、第一二話ではリシュヤ・シュリンガの伝説をとり上げることにする。特に後者は、一角仙人伝説としてわが国にまで伝わった。

第二話　天女ティローッタマー

昔、ヒラニヤカシプという偉大な阿修羅（アスラ）の家系に、ニクンバという魔王がいた。彼の二人の息子のスンダとウパスンダはいつも一緒にいて、同じ行動をとり、まるで同一人物が二様に作られたかのようであった。

二人は成長すると、三界（全世界）を征服しようという同一の決心をし、ヴィンディヤ山中に行って激しい苦行を行なった。彼らは自分の肉を火中に投じ、つま先で立ち、腕を上方にあげたままの姿勢を保ち、決してまばたきをすることなく長いこと誓戒を守っていた。その苦行の光熱（テージャス）に熱せられて、ヴィンディヤ山は煙を発した。神々は二人の激しい苦行を見て恐れ、妨害しようとして、もろもろの宝石や女を用いて何度も誘惑しようと試みたが、二人は誓戒を破ることはなかった。そこで神々は二人に幻覚《マーヤー》を起こさせた。——二人の姉妹や母や妻や親類たちが、槍を持つ羅刹におどされて逃げまどい、装身具を捨て、髪をふり乱し、全裸で走りまわり、「助けて！」と叫んでいた。しかし二人は全く動じなかったので、幻覚はすべて消え去った。

そこで梵天は、自らスンダとウパスンダのところへ行って、願いごとをかなえてやると言った。彼らは合掌して梵天に願った。

「二人とも幻術と武術に長け、強力で、欲するがままの姿をとることができ、また不死となりますように。」

梵天は、不死となること以外の望みをかなえてやったが、不死になるという願いの他に、何か別のものを選べと告げた。すると、スンダとウパスンダは言った。

「それでは、この三界において、いかなるものにも危害を加えられないようにして下さい。お互い同士を除いて……」

梵天はその願いをききとどけ、二人の苦行を中止させて、梵天界に帰って行った。彼らの成功を知り、悪魔の一族は喜びにわいた。

お祭りさわぎが終わると、二人は魔軍をひきつれて、神々の世界に攻めこんだ。神々は二人が来るのを知り、また梵天の恩寵により二人が無敵となったのを知って、梵天界に避難した。二人はインドラ（帝釈天）の世界を征服し、夜叉と羅刹の群を滅ぼし、ナーガ（竜）たちをやぶり、あらゆる種類の蛮族を征服した。それから、地上のすべてを征服しようと企て、兵を集めて命じた。

「王仙やバラモンたちは、盛大な祭祀と供物によって神々の威光（テージャス）と力とを増大させる。彼らを全滅させねばならぬ。」

　そして、バラモンが祭祀を行なっているところに現れては、彼らを殺害した。苦行者たちがいくら呪詛をあびせかけても、二人は梵天の恩寵をうけているので効果がなかった。そこで、バラモンたちは祭式を放擲して、諸方に逃げ散ってしまった。聖仙たちが逃げ隠れてしまうと、二人の暴虐なふるまいは絶頂に達し、あらゆる地方を征服してから、クルクシェートラを住処に定めた。

　聖仙たちは梵天のところへ行き、スンダとウパスンダの行状を訴えた。そこで梵天は二人を殺そうと考え、ヴィシュヴァカルマン（毘首羯磨）を呼んで命じた。

「人々を魅了する女を造れ！」

　そこでヴィシュヴァカルマンは精魂こめて天女を造り出した。三界におけるすべての美しいものを集めて、それらの無数の宝を彼女の肢体に注入したのであった。その結果、彼女は三界に並びなき美女となった。もろもろの宝を少し（ティラ）ずつ集めて造られたので、梵天はその天女をティローッタマーと呼んだ。[22]

「ティローッタマーよ、阿修羅のスンダとウパスンダのところへ行き、お前の魅力で彼らを誘惑せよ。お前をめぐって二人の間に争いが起こるようにせよ。」

　彼女は承知して梵天に挨拶してから、神々の周囲を右まわりにまわって敬意を表した。

その時、シヴァ神は南側で、東方を向いて坐っていた。他の神々は北側に坐り、聖仙たちはあらゆる場所に坐っていた。彼女が右まわりにまわっている間、インドラとシヴァとは平静さを保とうとしたが、シヴァは彼女が右わきを通る時に、どうしても見たくてたまらなくなり、彼の南側にもう一つの顔が生じた。そして彼女が後ろを通る時、彼の西側に、左わきを通る時、彼の北側に顔が生じた。大インドラにも、顔の両側と後と前とに大きな眼が生じ、しまいにはいたるところに千眼が生じた。かくて、シヴァは四面を持つものとなり、インドラは千眼を持つものになったという。

二人の悪魔は地上を征服して、もはや対抗するものがいなくなると怠惰になり、神々のようにもろもろの享楽にひたり、女・花環・香・食物・飲物をこよなく愛し、後宮や森林などで遊んだ。

ある日のこと、彼らはヴィンディヤ山の高原に遊びに出かけ、美しい場所で、女たちにかしずかれ、歌や舞踊を楽しんでいた。その時、ティローッタマーが森の花々を摘みながら現れた。彼女は着物を脱ぎ捨てて、一枚の赤い布をまとうのみであった。二人の悪魔は酒を飲んでいたが、酔いで赤くなった眼でこのすばらしい腰つきの女を見るやいなや、興奮して席から飛び上がり、愛欲に酔いしれて彼女を求めた。スンダは彼女の右手を持ち、ウパスンダは左手を持ち、互いに「この女は俺のものだ！」と主張した。それから彼らは怒り狂い、彼女への愛に我を忘れ、恐ろしい棍棒を持って互いに撃ちあい、二人とも血を流して地に倒れた。

女たちや悪魔の群は、みな失望と恐怖に震えて、地底界《パーターラ》に逃げ去った。梵天は神々や大仙たちをつれてそこにやって来て、ティローッタマーをほめ讃えた。そして何か望みをかなえてやると言われた時、彼女は、「ただ喜んで下されば……」と答えたものだ。そこで梵天は満足して彼女に告げた。

「お前は天空を自由に飛ぶことができよう。そして、お前の光輝（テージャス）のために、誰もお前を見つめることはできないであろう。」

梵天は彼女にこのような恩寵を与えてから、インドラに三界を委ねて、梵天界へ去って行った。（『マハーバーラタ』一・二〇一―二〇四）

ここでは、インドラが千眼を持ち、シヴァが四面を持つにいたった事情が説明されている。インドラを「千眼者」と呼ぶことは極めて常套的であるが、シヴァに対して「四面者」という呼称を用いることは稀であり、四面のシヴァが図像にされることは、四面リンガ（リンガ像の側面に四つのシヴァの顔が彫られている）を除けば、あまり例を見ないようである。これに対し、エレファンタやエローラの三面のシヴァの浮彫は有名である。一般に、

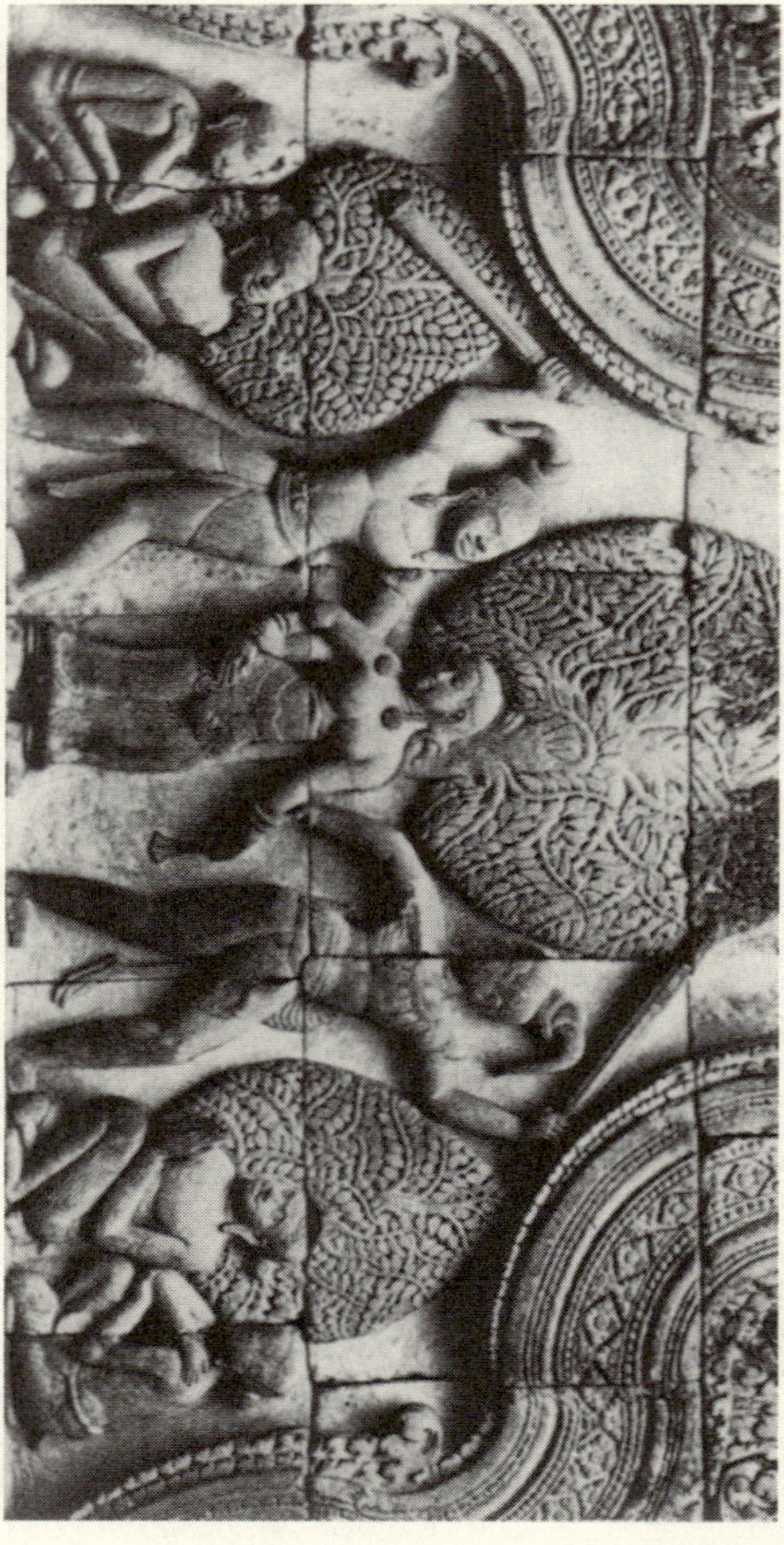

天女ティローッタマーを争うアスラ（阿修羅）の兄弟　バンテアイ・スレイ

三面のシヴァ　エレファンタ石窟

世界を創造する梵天と維持するヴィシュヌと破壊するシヴァの三神が一体であることを示し、その三機能を三面のシヴァ像として象徴的に表現したものとみなされているが、これは実は四面のシヴァを表したものではないだろうか。正面の顔と、側面の二つの顔とが前方から見え、もう一つの顔は背後に隠れているのであろう。ちなみに、ほとんど四面を持つ像として描かれる梵天の場合も、浮彫においては、三面のみしか見えないことがある。

(22) ティローッタマー＝ティラ（小部分）＋ウッタマ（最高）

第三話　一角仙人の伝説

カシュヤパ仙の息子ヴィバーンダカ（カーシュヤパ）は、長い間、苦行に専念していた。ある日、川で沐浴していた時、天女ウルヴァシーを見て欲情を起こし、精液を水の中に落とした。一匹の牝鹿がそれを水とともに飲み、男の子を出産した。その子には鹿の角が生えていたので、リシュヤ・シュリンガ（「鹿角を持つ者」の意）と名づけられた。そして、彼は父親の他には人間を見ることなく成長した。

その頃、ローマパーダという王がアンガ国を治めていた。ある時、この王はバラモンたちの怒りを買い、彼らに見捨てられてしまった。宮廷の祭官たちも去って行ったので、インドラ（帝釈天）は雨を降らすことをやめ、そのため民衆は苦しんだ。そこで王は、苦行を積んだ賢いバラモンたちに、どうしたら雨を降らすことができるかと、その方法をたずねた。すると、ある隠者が王に答えた。

「王様、バラモンたちがあなたのことを怒っています。まずあなたの罪を償いなさい。もしも、女を知らぬリシュヤ・シュリンガという森に住む隠者がこの王国に来れば、たちどころに雨が降ることでしょう。」

この忠告を聞くと、王はまず自己の罪の償いをしてバラモンたちの怒りを解いた。それから、大臣たちを集めて、リシュヤ・シュリンガをつれて来る方法を検討した。その結果、王は最高級の遊女たちを集め、リシュヤ・シュリンガを誘惑して王国につれて来るよう命じた。女たちは、失敗して王に怒られたり、苦行者に呪われることを恐れて、その仕事をひき受けなかった。しかし、ある老女が、自分がその苦行者をつれて来ると約束し、若さと美貌にあふれた女たちをつれて出発した。彼女は舟の上に美しい庵を作って水上を行き、カーシュヤパ仙の庵の近くにとめておいた。そしてカーシュヤパ仙の留守を見すまして、才知に長けた自分の娘をリシュヤ・シュリンガのもとに派遣した。その遊女は話しかけた。

「苦行者さん、お元気ですか。」

リシュヤ・シュリンガは彼女を男の苦行者だと思いこんで接待した。

「あなたの庵はどこにあるのですか。」

「三里も先にあるのですよ。」

などと話しあいながら……。彼は果物などをさし出したが、女は何も受けず、彼に上等な食物や、かぐわしい花輪や華美な衣服や極上の酒を与えた。それから彼女は毬《まり》で遊び戯れ、時々その身体で彼に触れた。そして、何度も抱きついたりした。樹々の枝をたわめて花々を摘み、酔って恥じらいをなくしたかのような風情で、彼を惑わせた。それから、彼の態度が変わったのを見すまして、彼の身体を幾度も押してから、日々のおつとめのことが気がかりだという口実のもとに立ち去って行った。

リシュヤ・シュリンガは彼女が行ってしまうと恋わずらいにかかった。父がもどり、息子がため息をつきうわの空で坐っているのを見て、わけをたずねた。すると息子は、見たこともないような美しい学生が来たと告げた。

「彼の胴は臍のあたりでくびれていましたが、その尻はとても大きいのです。」

などとその特徴を克明に報告しながら……。

「彼は何度も私の身体を抱きしめました。そして、私の髪をつかむと顔を下げさせ、彼の

リシュヤ・シュリンガ（一角仙人）の結婚
プリンス・オブ・ウェールズ博物館

唇を私の唇にあてがって、音を立てました。それは私に歓喜をもたらしました。」

そして、かぐわしい花輪や不思議な液体（酒）をもらったことを話したので、父は、

「それは羅刹鬼だ。苦行者はそんなものとつきあってはならぬ。」

と息子を戒めた。

ところが、また父親の留守中、その遊女は再びリシュヤ・シュリンガを誘惑しにやって来たのである。リシュヤ・シュリンガは彼女を見るや大喜びし、

「父のもどらぬうち、すぐにあなたの庵に行こう。」

と言った。そこで遊女たちは、彼を舟に乗せて、アンガ国王のもとにつれて行った。すると、たちまち大雨が降ったので、国王は望みもかない、娘のシャーンター姫を彼に与えた。

父のカーシュヤパ仙は、庵にもどると息子がいないので怒り狂い、国王とその領国を燃やしてやろうと都に出かけたが、王は手まわしよく、種々の贈物を彼に与え、手あつく款待したので、彼の怒りもほとんど和らいだ。そして都に入った仙人は、息子が王女シャーンターと結婚したことを知り、すっかり怒りを解き、

「息子が生まれたら森にもどれ。」

と命じた。リシュヤ・シュリンガは父の命令に従い、息子の生まれた後は再び森へ帰っ

て行った。妻のシャーンターは慣習に従って、彼につき従った。(『マハーバーラタ』三・一一〇—一一三)

リシュヤ・シュリンガとは「鹿の角を持つ者」という意味であるが、この物語がやがて一角仙人の伝説となり、わが国にまで伝えられたのである。

リシュヤ・シュリンガの物語は『ラーマーヤナ』(一・九—一〇)にも見られるが、その筋は『マハーバーラタ』のものとほとんど同じである。『ラーマーヤナ』には、更に、ローマパーダ王と親交のあったアヨーディヤーのダシャラタ王が、馬祭(アシュヴァメーダ)を執行するために、リシュヤ・シュリンガをアンガ国から招聘して、ラーマをはじめとする王子たちを授かったという話がのっている(一・一一—一六)。

パーリ語で書かれたジャータカには、イシ・シンガの話が二篇伝わっている。イシ・シンガは、リシュヤ・シュリンガのパーリ語形である。まず、『アランブサー・ジャータカ』(Jātaka No. 523)を紹介する。

昔、ベナレス(カーシ国の首都)で、ブラフマダッタ王が国を統治していた時、菩薩はカーシ国のバラモンの家に生まれ、成人した後は仙人となり、森林の中で暮らしていた。

ある時、一匹の牝鹿がたまたま彼の精液を飲み、それだけで妊娠してしまった。やがて牝鹿は男子を生んだので、仙人は彼にイシ・シンガ（鹿角）という名をつけて、仙者の暮らしをさせた。その後、父の仙人は、くれぐれも女色に気をつけるようにと遺言してから死んだ。イシ・シンガは激しい苦行を行なったので、帝釈天（サッカ）は自己の地位がおびやかされることを恐れ、アランブサーという名のコケティッシュな天女を派遣して彼を誘惑し、苦行をやめさせようと企てた。イシ・シンガは近づいてくる天女を見て、たちまち心を惹きつけられるが、天女はなおも手練手管を用い、ひき返すふりをしたので、イシ・シンガは興奮して彼女を追い、その髪をつかんでひきとどめた。

それから三年の間、二人は快楽の限りを尽くしたのであった。しかし、三年たつと、イシ・シンガは迷いから醒めて、誰に頼まれて自分を誘惑したのか、と天女にたずねた。そこで天女は、

「帝釈天から派遣されてあなたを誘惑したが、あなたはついに迷いから醒めてしまった。」

と告白した。イシ・シンガは、父の戒めを守らなかったばかりにこのように破滅してしまったと後悔し、愛欲を棄てて禅定を発した。天女は彼の威光を恐れて懺悔し、彼の足下にひれ伏して、「大仙よ、怒らないで下さい」と許しを請うた。そして彼に許されて、天女は天界へ帰って行った。帝釈天が彼女の功をねぎらい、「何でも願いをかなえてやるか

ら申してみろ」と言った時、天女は答えたものだった。
「帝釈天さま、お願いよ。仙人の誘惑のお仕事なんて、もう二度としたくないわ」と。
(『アランブサー・ジャータカ』)

次に『ナリニカー・ジャータカ』(Jātaka No. 526)の内容を紹介する。

昔、ベナレスで、ブラフマダッタ王が国を治めていた時、菩薩はバラモンの家に生まれ、成人した後は仙人となって、ヒマーラヤ山中に住んでいた。一匹の牝鹿が彼の精液を飲んで妊娠し、子を生み、仙人はその子をイシ・シンガと名づけた。

イシ・シンガは成長し、ヒマーラヤ山中で苦行を行なっていた。帝釈天は何とかして彼の苦行を妨害しようと企て、ある策略を用いた。彼は三年の間、カーシ国に雨を降らせなかったのである。そのため、国中は火に焼かれたようになり、人々は飢饉に苦しんで国王に訴えた。

「三年間も雨が降らないで、困り果てております。どうか雨を降らせて下さい。」

国王がどうすることもできずに困っていると、夜中に帝釈天が王の寝所に現れ、雨の降らないのはイシ・シンガの苦行のためであると告げ、更に、王女のナリニカーを派遣して仙人を誘惑させれば、仙人の行を破ることができると示唆した。そこで国王は娘のナリニカーをヒマーラヤ山中に派遣したのである。

王女は苦行者に変装し、ただし美々しく装い、毬を持ってイシ・シンガに近づいて行った。彼は本能的に怖れおののいて草庵に逃げこんだが、王女の方はその入口で毬つきを始めた。毬をつくたびに彼女の肢体が見え隠れする。世間のことを全く知らぬイシ・シンガは、その毬を果実であると思い、好奇心にかられて王女にたずねた。

「その果実は投げてもまたもとにもどる。その果実のなる樹は何というのか？」

王女は答えた。

「私の庵の近くの山にはこんな樹が多いのです。」

女を一度も見たことのないイシ・シンガは、彼女を男の苦行者であると信じ、自分の庵に入れてもてなした。王女が草庵に入って坐った時、彼女の衣が解けて肉体が露出した。彼は女の身体をいまだ見たことがなかったので、女陰を見ると傷だと思いこんだ。

そこでイシ・シンガは傷を癒してやろうとして、彼女と交わり、戒を破って禅定を棄ててしまった。彼は二回三回と性交して疲れ果てたので、湖で水浴してからひき返し、彼女にいろいろのことをたずねた。王女は自分の庵に来るようにと誘ったが、彼は父のもどるまで待ってくれと頼んだ。王女は父親が帰って来て怒ることを恐れ、何とか口実を設けてその場を逃げ出し、ベナレスに帰ってしまった。帝釈天は満足して、国中に雨を降らせた。

一方、イシ・シンガは王女が去ると熱を出して、震えながら草庵で寝ていた。夕方になって父親が帰り、わけをたずねたので、彼は一部始終を告げた。イシ・シンガは王女の化けたその苦行者が恋しくて、バラモンとしての義務を怠ったのであった。そして、

「父上、あの人がどこに住んでいるか知っていらしたら、私をそこにやって下さい。さもないと死んでしまいます。」

と嘆き悲しんだ。そこで父は、これはきっと女のために戒を破らされたのであると知り、

「わが子よ、これらの鬼霊どもは、さまざまな姿で人間界を徘徊する。智慧ある人はそれらとつきあってはならぬ。」

と言って息子を諫めた。イシ・シンガはそれを聞き、「あれは夜叉女であったのか」と恐ろしくなり、父に許しを請うた。そして父の教えを実行して再び禅定を得た。(『ナリニカー・ジャータカ』)

イシ・シンガの誕生の逸話はバールフトの浮彫りに描かれているから、これらのジャータカの原形は西紀前二世紀頃にはすでに成立していたと推定される。また、この二篇のジャータカを『マハーバーラタ』のリシュヤ・シュリンガ伝説と比較すると、後者の方がス

トーリーが複雑でより洗練されているから、明らかにジャータカよりも後代に作られたと思われる。しかし、『アランブサー・ジャータカ』の話は、苦行を恐れたインドラが天女を派遣して苦行を妨害するという類型に最もよく合致して、しかも、アランブサーという名は、前述のダディーチャがサラスヴァティー川に息子を生ませた伝説（九九頁参照）から借用したものと思われるから、このジャータカはむしろ『マハーバーラタ』のダディーチャ伝説の影響下に成立したものと考えられる。だからといって、『ナリニカー・ジャータカ』の方がそれよりも古いと断定することは不可能である。結局、この三つの物語はそれぞれ別の伝承に基づいたものと考えた方がよさそうである。西紀前二世紀には成立して、口承で流行していたイシ・シンガ伝説が、後代に種々の形をとって伝えられたものである。

以上の伝説の主人公の名は、すべて「鹿角」（リシュヤ・シュリンガ、イシ・シンガ）であった。しかし、仏教サンスクリット語で書かれた仏伝文学作品である『マハーヴァストゥ』三では、主人公の名は一角仙人（エーカ・シュリンガ）となる。

この作品中の一角仙人の伝説は『ナリニー・ジャータカ』と呼ばれ、主人公を誘惑するのはナリニー（パーリ語のジャータカのナリニカーに対応する）という王女である。ここでは、主人公が鹿から誕生する過程は、古い伝承と比べるとやや「科学的」である。牝鹿がカーシュヤパ仙の精液を飲むところまでは同じであるが、それから牝鹿が自分の子宮口を舌で舐めたので妊娠したとするのである。母親の牝鹿やその他の鹿たちとエーカ・シュリンガとの交流も伝えられている。帝釈天には言及せず、ナリニーがエーカ・シュリンガを誘惑する方法とその結末は、むしろパーリ所伝よりも『マハーバーラタ』に似ている。ただし、王女が直接に誘惑し、後にエーカ・シュリンガが王位につく点が異なる。『マハーヴァストゥ』に収められた一角仙人の物語は、岩本裕博士によって全訳された(23)。

サンスクリット語で書かれた一角仙人伝説としては、『マハーヴァストゥ』の他にも、カシュミールの詩人クシェーメーンドラ（十一世紀）の『アヴァダーナ・カルパラター』（六五）などのアヴァダーナ文献の中に含まれるものがある。その他に、この伝説は『仏《ぶっ》本行集経《ぼんぎょうじっきょう》』巻十六、『根本説一切有部毘奈耶破僧事《こんぽんせついっさいうぶびなやはそうじ》』巻十二、『摩訶僧祇律《まかそうぎりつ》』巻一、『大《だい》智度論《ちどろん》』巻十七などの漢訳仏典に見られる。漢訳仏典では、主人公の名は「一角」あるいは「独角」（エーカ・シュリンガ）となっている。ただし、『摩訶僧祇律』では「鹿班」となっている。また、ヒロインの名は、『マハーバーラタ』のシャーンターの漢訳名（扇陀《せんだ》など）が用いられている。

この一角仙人の伝説は、漢訳仏典（主として『大智度論』）を通じてわが国に伝わり、『今昔物語集』巻五の第四、『太平記』巻三十七を経て、謡曲『一角仙人』、歌舞伎『鳴《なる》神《かみ》』、曲亭馬琴の読本《よみほん》『雲妙間雨夜月《くものたえまあまよのつき》』へと展開をとげた(24)。

(23) 岩本裕訳『初期経典』「仏教聖典選」第一巻、読売新聞社、三五五―三七〇頁。
(24) その間の事情は、岩本裕『仏教説話の源流と展開』、「仏教説話研究」第二巻、開明書院、二七九―二九八頁に詳述されている。

第三話　チヤヴァナの回春

大仙ブリグにチヤヴァナという息子がいた。このチヤヴァナは湖の岸で激しい苦行を行ない、ヴィーラ（英雄）というヨーガの姿勢をとって同じ場所で長い間じっと静止しているうちに、全身蔓草におおわれ、蟻だらけになって、ついに蟻塚と化してしまった。かくて彼は土の塊となり、蟻塚におおわれて苦行を続けていた。

さて、長い時間がたつうちに、シャリヤーティという名の王がこの湖に遊びに来た。彼は四千人の女たちをつれていたが、そのうちの一人に、王女のスカニヤーがいた。この美しい娘は侍女たちと歩きまわっているうちに、チヤヴァナの蟻塚のそばに来て、いろいろと遊び戯れていた。チヤヴァナは彼女を見て恋のとりことなり、彼女が一人になった時に声をかけた。しかし彼の喉は干涸びていたので、彼女はその声を聞くことはなかった。やがて、彼女は蟻塚の中のチヤヴァナの両眼を見つけ、「これは何かしら」と言いながら好奇心にかられて茨でそれを突いた。非常に短気になっていた彼は、眼を突き刺されて怒り、王の兵士たちの大小便をつまらせてしまった。

そこで兵士たちが便秘に苦しむのを見て、王は彼らに問うた。

「あの偉大なブリグの息子（チヤヴァナ）はいつも苦行をしていて、老いてもいるので、特に怒りっぽいが、今日誰かが彼に無礼を働いたのか？　知りながらにせよ、知らないでにせよ……。速やかに真実を申せ。」

兵士たちは皆、誰も過失を犯していないと答えた。彼らが便秘に苦しみ、父が当惑しているのを見て、スカニヤーは言った。

「私は歩きまわっているうちに、蟻塚の中に輝く生き物を見ました。私は蛍か何かと思って、それを突いたのです。」

それを聞くと、王はすぐに蟻塚に行き、苦行のために老いさらばえたチヤヴァナに会った。王は手をあわせて、娘が知らずにしでかしたことの許しを乞うた。すると、チヤヴァナは答えた。

「あなたの美しい娘を嫁にくれるなら許してあげよう。」

聖仙の言葉を聞くと、王はためらわずに娘を彼に与えた。チヤヴァナは娘をうけとって満足した。王たちは帰って行った。

スカニヤーは苦行者を夫にして、いつも献身的に仕えた。ところがある日、アシュヴィン双神が、沐浴をすませ裸でいた彼女を見かけた。彼らはこの美しい肢体の、神々の王の娘のような女を見て、かけ寄ってたずねた。

「あなたは誰の妻か？　美しい腿の女よ、森で何をしているのか？」

スカニヤーは衣服をつけて、彼らに、自分はシャリヤーティの娘でチヤヴァナの妻であると答えた。するとアシュヴィン双神は大声で笑って言った。

「あなたのように美しい人が、どうしてあんな老いぼれの妻にされたのか？　天女のうちにもあなたのような人はいない。なぜあなたのような女が老いさらばえた夫にかしずいているのか？　愛を享受することもできず、あなたを守ることも養うこともできぬ夫に……。チヤヴァナを捨てて、我々のうちの一人を夫に選びなさい。青春を無駄にしてはならぬ。」

それを聞くとスカニヤーは双神に言った。

「私は夫のチヤヴァナを愛しております。そのようにお考えになってはなりませぬ。」

すると双神は次のような提案をした。

「我々は最高の神々の医師である。お前の夫を美しい姿の若者にしてやろう。そうしたら、彼と我々二人のうちのどれか一人を夫に選べ。このようにとりきめて、彼に告げよ。」

それを聞くと、彼女はチヤヴァナのところへ行って、双神の言葉を告げた。チヤヴァナは「そうしなさい」と答えた。すると、アシュヴィン双神は、チヤヴァナを水に入れろと彼女に言った。そこで、美しい姿を望むチヤヴァナは、速やかに水に飛びこんだ。そして、アシュヴィン双神も湖に飛びこんだ。すこしたって、彼らはみな湖から上がって来た。すべて神々しい姿をし、若々しく、輝かしい耳環をつけ、全く同じ姿をして……。彼らはいっせいに言った。

「美しい女よ、我々のうちの誰か一人を夫に選べ！」と。

王女は同じ姿で立っている彼らをよくよく調べてから、誤ることなく夫（チヤヴァナ）を選んだ。チヤヴァナは、妻と望んでいた若さと美しさとを得て喜び、アシュヴィン双神に言った。

「あなたがたは老齢の私に、美しさと若さをそなえさせて下さった。そして、私はまた良い妻を得た。であるから、私は満足して、神々の王（インドラ）の眼前で、あなたがたお二人にソーマ酒を飲む資格を与えよう。私はこのように誓う。[25]」

それを聞くと、双神は喜んで天にもどって行った。そして、チヤヴァナとスカニヤーは、神のように楽しい時を過ごした。

チヤヴァナが若返ったのを知って、シャリヤーティ王は喜び、従者をつれて彼の隠棲処にやって来た。そして、神々の子のように美しいチヤヴァナとスカニヤーを見て、全世界を得たかのように満足した。聖仙は王と王妃をもてなしてから、うやうやしく王に申し出た。

「王よ、私はあなたのために犠牲祭をとり行ないましょう。必要なものを準備して下さい。」

王は喜んでチヤヴァナの提案をうけいれた。そして、犠牲祭に適する吉日に、最上の祭場を作った。そこで、チヤヴァナは彼のために犠牲祭をとり行ない、アシュヴィン双神に与えるべくソーマ酒をとり上げた。しかし、インドラはソーマの器をおしとどめて言った。

「この双神はソーマを受けるにふさわしくないと思う。彼らは神々の子の医師であり、その職業のゆえにふさわしくないのである。」

チヤヴァナは答えた。

「この偉大なる双神を軽蔑してはいけません。彼らは私を神のように不老にしてくれました。彼らがどうして神酒にふさわしくないでしょうか？」

インドラは言った。

「彼らは医師であり、労働者であり、人間界をうろつきまわる。どうしてソーマにふさわしいか。」

インドラがそう言うのを無視して、チヤヴァナはソーマの器をつかんだ。するとそれを見て、インドラはおどした。

「もし勝手にソーマを双神にそそぐなら、ヴァジュラ（金剛杵）を放つぞ。」

チヤヴァナは笑ってインドラを見ると、アシュヴィン双神のために形のごとくソーマの器をとった。そこでシャチーの夫（インドラ）はヴァジュラを放った。その打撃によりチヤヴァナの腕は麻痺したが、なおも真言（マントラ）を唱えて火中に供物をくべた。すばらしい威光（テージャス）をそなえた彼は、神を害せんと企てたのであった。すると彼の苦行の力により、マダ（酔い）という巨大な阿修羅（アスラ）が出現して、インドラを食おうとして襲いかかった。インドラはすさまじいマダが近づいて来るのを見て恐怖にかられ、チヤヴァナに、

「今後はアシュヴィン双神がソーマを飲めるようにしよう。」

と誓って、彼の許しを乞うた。そこでチヤヴァナも怒りをしずめ、マダを四つに分けて、酒と女と骰子と狩（四つの悪徳）を創り出した。それから、ソーマの滴で、インドラとアシュヴィン双神と神々とを満腹させた。このように、王に犠牲祭を遂行させ、全世界に自分の力を知らしめて、この最高の聖者は愛するスカニヤーとともに森で幸せに暮らした。

(『マハーバーラタ』三・一二三—一二五)

アシュヴィン双神がチヤヴァーナ(チヤヴァナ)を若返らせたという神話は、すでに『リグ・ヴェーダ』の讃歌中に散見される(一・一一六・一〇、一・一一八・六、五・七四・五)。そして、多くのブラーフマナ文献において伝えられている。

ブリグ族(あるいはアンギラス族)たちが天界に達した時、チヤヴァナ仙はブリグ族であったにもかかわらず、老いさらばえて妖怪のような姿で地上にとり残された。その時、シャリヤータという王がその付近にやって来た。王子たちは妖怪のような姿のチヤヴァナを見て、彼に土塊を投げつけた。彼は怒って、シャリヤータの一族に不和をもたらした。シャリヤータ王は内紛の起こった理由を知ると、チヤヴァナに謝罪して、娘のスカニヤーを与えた。

やがて、医術に長けたアシュヴィン双神がやって来て、スカニヤーに言い寄った。

「どうして老いさらばえて妖怪のような姿をしたものと一緒にいるのか。我々とともに来なさい」と。

しかし、彼女は双神のさそいを断わったばかりか、彼らのことを「不完全である」と言った。双神が理由をたずねると、彼女は夫を若返らしてくれればその理由を教えると答えた。そこで双神は、チヤヴァナを池に入れさせて、彼を若返らせた。双神が、「なぜ我々は不完全なのか？」ときくと、スカニヤーは、彼らが神々の祭祀から除外されているから不完全なのであると告げた。

そこで双神は神々のもとに行き、祭祀に自分たちを招いてくれと頼んだが、神々は、「汝らは常に医療を行ないながら人間と接触するから祭祀に招かない」と答えた。すると双神は「あなた方は頭のない祭祀を行なっている」と告げた。神々が理由を問うと、双神は「自分たちを招待せよ」と言った。そこで神々は双神を招待し、彼らのためにアーシュヴィナ杯を汲んだ。双神は行祭官となり、祭祀の頭を回復した。（『シャタパタ・ブラーフマナ』四・一・五・一―一五）

『マハーバーラタ』では、シャリヤーティ王の娘のスカニヤーがチヤヴァナの眼を茨で突くのに対し、このブラーフマナでは、シャリヤータ（シャリヤーティ）王の息子たちが彼に土塊を投じる。また、『マハーバーラタ』では怒ったチヤヴァナが王の兵たちを便秘にするが、ブラーフマナでは、王の一族に不和を起こさせる。更に、『マハーバーラタ』では、若返ったチヤヴァナがアシュヴィン双神に感謝して、インドラと争って彼らにソーマを飲ませるが、ブラーフマナでは双神自らが神々の招待を勝ちとる。

このように、両者の間には種々の相違点が存するが、にもかかわらず、この物語で最も重要と思われる二点は共通である。第一は、いうまでもなく、アシュヴィン双神によるチヤヴァナの回春という主題であり、第二は、アシュヴィン双神が神々の異端児であったという点である。

第一の点に関しては、チヤヴァナの回春物語とともに有名なのがヤヤーティの回春物語である。

ウシャナス（シュクラ）仙はヤヤーティを呪って、彼を老衰させてしまう。ただし、ヤヤーティの懇願により、彼の息子たちの一人が彼の老年と自分の若さを交換すれば、彼は再び若返ることができるとする。そこでヤヤーティは、五人の息子を呼んで老若交換を頼むが、四人の息子は拒絶し、末のプールのみがこの頼みを承諾する。かくてヤヤーティは、自己の老年をプールの若さと交換して若返り、長年の間、享楽を味わう。(『マハーバーラタ』一・七〇)

その他の回春物語については、原実博士の「回春・回生」(『奥田慈応記念論集』一〇七五

一〇九九頁）を参照されたい。(26)

第二点の、アシュヴィン双神が神々に仲間はずれにされたということは、『シャタパタ・ブラーフマナ』（一四・一・一・一）にもみえる。アグニ、インドラをはじめとする神々は、サットラ祭（長期のソーマ祭）を行なったが、アシュヴィン双神だけは除外されたという。双神はその後、ダディヤッチ（ダディーチャ）に頼んで、祭祀の頭を回復する秘密を教わった（九九頁参照）。双神がなぜ神々に軽んぜられたかというと、彼らが医療を得意とし、常に人間と接触したからであるという。デュメジルは、前述のように、アシュヴィン双神を第三機能の代表者とみなし、このチヤヴァナ伝説をとり上げて北欧神話やローマの伝説と比較している。(27)

チヤヴァナとスカニヤーとの息子がプラマティで、そのまた息子がルルである。このルルは自分の寿命の半分を妻に与えたことで有名である。次にその伝説を紹介する。

(25) アシュヴィン双神はインドラに軽んじられ、神酒ソーマを飲むことを禁じられていた。
(26) 醜い夫が美男となるモチーフの点では、このチヤヴァナ物語はクシャ王子の伝説と共通である。クシャ王子については、岩本裕『仏教説話の源流と展開』二七九頁以下を参照されたい。
(27) 吉田敦彦『日本神話と印欧神話』九二―一〇三頁を参照されたい。

第一四話　生命を妻に与えたルル

かくて、ブリグの息子チヤヴァナはスカニヤーを娶《めと》り、やがてプラマティという息子を得た。このプラマティとその妻グリターチーとの間に生まれたのがルルである。

その頃、ガンダルヴァ（半神の一種、乾闥婆《けんだつぱ》）の王ヴィシュヴァーヴァスは、アプサラス（天女）のメーナカーを妊娠させた。メーナカーは大仙ストゥーラケーシャの隠棲処のそばで女の子を生み、その子を川岸に捨てて立ち去った。

大仙ストゥーラケーシャは捨て子を見つけ、家につれ帰って育ててやった。やがてその子は成長し、美しい娘となり、プラマドヴァラーと名づけられた。ルルは彼女を見て恋し、両親の許しを得て結婚することとなった。

ところが、結婚式の数日前、プラマドヴァラーは友達と夢中で遊んでいるうちに、眠っていた蛇を踏み、その毒蛇にかまれて死んでしまった。ルルは奥深い森に入り、思いきり泣いた。

「あのしなやかな女《ひと》は大地に横たわる。私と、すべての親族の悲しみをかきたてて。これほどつらいことがあろうか？　私は布施をし、苦行を行ない、長上たちをよく敬ったのだから、その功に免じて私の愛しい女を生き返らせてほしい。生まれてこのかた、私は自己を制御し誓戒を守ったのだから、どうか彼女を立ち上がらせてもらいたい。」

するど、神の使者が言った。

「ルルよ、お前が嘆いて言った願いは空しい。死んだ人間は生き返るはずもない。しかしながら、かつて偉大な神々はこのような場合の方便を定めた。もし汝がそれを実行するならば、プラマドヴァラーをとりもどすことができる。」

「神々に定められた方便とは何ですか？　おっしゃって下さい。聞いたらすぐに実行いたします。私をお救い下さい。」

「汝の寿命の半分をこの娘に与えよ。そうすれば汝の妻プラマドヴァラーはよみがえる。」

そこでルルは言った。

「私は寿命の半分を彼女に与えます。」

そこでガンダルヴァの王と神の使者は、ダルマ・ラージャ（「法の王」の意。死神ヤマ＝閻魔）にプラマドヴァラーを生き返らせて下さいと嘆願した。ダルマ・ラージャがそれをききいれ、

「ルルの妻プラマドヴァラーは、ルルの寿命の半分をもらってよみがえるであろう。」

とそう言うと、プラマドヴァラーはあたかも眠りから覚めたかのように生き返った。

かくて二人の結婚式は予定通り行なわれた。だがルルは、蛇たちを絶滅しようという誓いを立て、蛇を見つけるやいなやたたき殺したのである。

ある日、ルルは大きな森に入り、ドゥンドゥバ（毒のない蛇の一種）を見つけ、杖をふり上げて殺そうとした。するとその蛇は言った。

「私は今、あなたに何も悪いことをしてないのに、どうして怒って殺そうとするのですか？」

そこでルルは、妻が蛇にかまれたこと、自分が蛇を絶滅しようと誓ったことを語った。するとドゥンドゥバは言った。

「バラモンよ、人間をかむのは別の種類の蛇です。蛇に似ているからといってドゥンドゥバを殺してはなりませぬ。」

それを聞くと、ルルは恐怖を感じてその蛇を殺さなかった。聖仙かもしれないと思ったからである。そこで彼は、このような姿に変えられたあなたは誰か、とたずねた。すると蛇は答えた。

「私はかつて、サハスラパートという名の聖仙であった。それがあるバラモンの呪詛により蛇となったものだ。」

ルルがわけをたずねると、蛇は次のような話をした。

私は昔、苦行を積んだカガマというバラモンと友だちであった。幼少の頃、私はふざけて、草で蛇を作り、アグニホートラ祭に専念していた彼をおどかし失神させた。やがて意識をとりもどした苦行者は怒って私を呪った。

「お前は私をおどかすために無力の蛇を作ったから、私の怒りにより、無力な蛇となれ！」

私はびっくりして許しを乞うたが、彼はいったん誓ったことはとり消せないと言った。しかし呪詛に制限をつけ、プラマティの子ルルに会ったら呪詛から解放されると告げた。今やあなたに会えて、私は本来の姿にもどれる。

以上のような話をしてから、その聖仙は、生類を殺害してはならぬとルルに忠告した後に姿を消した。（『マハーバーラタ』一・八―一二）

天女メーナカーが生んだ娘を捨て、その娘を聖仙が養育する話はシャクンタラー伝説（第九話）と類似している。また、ダルマ・ラージャ（死神ヤマ）が承諾して死者を生き返らせる話は、有名な「サーヴィトリー物語」(28)において、サティヤヴァットがヤマに復活せしめられる話と軌を一にする。聖仙が呪詛の制限をつけて、誰かに出会った時に呪いから解放されるとすることは、天女アハリヤーの物語（一三三—一三四頁参照）にもあったが、インド古典において極めて頻繁に用いられる手法である。

寿命の半分を与えて蘇生させるというモチーフもそれほど稀ではなく、『パンチャタントラ』第四巻第一三話にも、自分の生命の半分を妻に与えたバラモンの話がある。(29) その他の「寿命の半分供与」の話については、原実博士の「回春・回生」を参照されたい。(30)

(28) 前田式子訳「サーヴィトリー物語」『インド集』筑摩書房、七九—九一頁参照。
(29) 拙訳『パンチャタントラ』大日本絵画、四〇四—四〇八頁参照。
(30) 原実「回春・回生」、一〇七七—一〇七八頁。

第一五話　海中火の伝説

クリタヴィーリヤ王は、ヴェーダ学者であるブリグ族を保護して、いつもソーマ祭の終わりに、彼らに多くの報酬を払って満足させていた。このすぐれた王が天国へ赴った時、彼の家系に属する王たちは金を必要とし、ブリグ族の財産に目をつけて、ブリグ族の人々のところに行って財産を要求したのである。

ブリグ族の人々は、財産を地面に埋めたり、クシャトリヤ（王族、武士）たちに財産をとられるよりはと、バラモンたちに与えたり、望まれるままにクシャトリヤたちに与えたりした。

ある日、たまたま一人のクシャトリヤがブリグ一族の住居の地面を掘って財物を見つけた。それを知って怒ったクシャトリヤたちは、情け容赦なくブリグ族の人々を虐殺した。彼らは母胎にいる胎児をもみな殺しにしてしまった。

ブリグ族の妻たちはヒマーラヤ山中に逃げこんだ。一人の婦人は、発見されることを恐れ、また家系を絶やさぬために、胎児を腿に隠して運んだ。追手が彼女を見つけた時、胎児はその腿を裂いて出現し、真昼の太陽のようにクシャトリヤたちの視力を奪った。視力を失った彼らは山の難所をさまよった末、母親のところに行き、視力をもどしてくれと救いを求めた。彼女は言った。

「あなた方の視力を奪ったのは私ではありません。私の腿から生まれた子が怒ってそうしたのです。あなた方がブリグ族の子供たちを殺した時、私は長年の間、この子を自分の腿に入れて運んだものです。その間に、この子はヴェーダと六補助学(31)に通暁しました。この子は父たちを殺されたことで怒り、あなた方を殺害しようと望んでいます。この子の神的な威光（テージャス）によってあなた方の視力が奪われたのです。ですからこの子に頼みなさい。そうすれば視力をもどしてくれるでしょう。」

それを聞いた王たちは皆、その腿から生まれた息子に許しを求めて視力をもどしてもらった。この梵仙は腿（ウールー）を裂いて生まれたので、アウルヴァ（「腿から生まれた者」の意）と名づけられた。

このブリグ族の聖者《ムニ》は、全世界を滅ぼそうと企て、その苦行の熱によって、神々や阿修《アス》羅《ラ》や人間たちもろとも世界を焼き始めたのである。祖霊《ピトリ》たちはこのことを知ると、こぞって祖霊界からやって来て、アウルヴァに頼んだ。

「アウルヴァよ、お前の恐ろしい苦行の力はよくわかった。今は世界の生類を憐れみ、怒りをしずめなさい。お前がやろうとしていることは我々を喜ばせはしない。どうか世界を滅ぼすなどという邪なことはやめてほしい。」

するとアウルヴァは言った。

「私が怒って世界を滅ぼそうと誓ったことが、偽りとなってはなりませぬ。もし誓いを破れば、私自身の怒りは、火が火おこし棒を燃やすように、私自身を燃やしてしまうでしょう。私は生まれる前、母の腿に宿っていた時、クシャトリヤがブリグ一族を殺す際に母たちがあげた悲鳴を聞きました。あの最低のクシャトリヤたちが、ブリグ族を胎児にいたるまで殺した時、私に怒りが入りこんだのです。神々を含めた世界の連中も同罪です。私の父たちは全世界のどこにも寄る辺を見出せませんでした。世界に一人でも罪悪をとめる人がいれば、全世界に悪しき行為は生じないでしょう。力あるものが悪を知りながらも制止しなければ、彼は支配者でありながらその悪事の共犯者です。諸王や主宰神たちは、その能力がありながら、私の父たちを救うことができずに、この世の生は楽しいなどと考えているのですから、私はこの世界に対して怒っているのです。

しかしながら、私はあなた方の言葉にそむくことはできません。諸世界の罪悪を大目に見ることにしますが、ところがそうすると、私に大きな危険がふりかかるのです。私の怒りから生じた火は、自分の威光（テージャス）でこれをしずめようとすれば、今度は私自身を焼いてしまうでしょう。ですから、諸世界と私との双方によきように配慮して下さい。」

祖霊たちは告げた。

「お前の怒りから生じた火を水に放て。その火は海中で水を燃やすであろう。世界は水からできているというので、お前の（世界を燃やすという）誓いは真実であることになる。そうすれば、神々のいる世界も滅びずにすむであろう。」

そこでアウルヴァは、怒りから生じた火を海に放った。その火は海中で水を食べた。それは巨大な馬の頭となってその口から火を吐き出し、海中で水を飲んでいる、とヴェーダ学者たちは知っている。(『マハーバーラタ』一・一六九―一七一)

アウルヴァは大仙ブリグの息子チヤヴァナ(第一三話参照)とマヌの娘アールシーとの間に生まれたといわれるが、ここで紹介した伝説では、ブリグ族のある婦人の腿から生まれたとされている。彼の怒りから生じた火はヴァーダバ(「牝馬の火」の意)と呼ばれる。世界を焼き尽くす火が海中に蔵されているという伝説は、海中火山の活動から着想を得て作られたものではないかとする説がある。ちなみに、ギリシア神話において、ガイア(大地)が生んだ怪物テュポーエウスが火のついた岩を投げながら天に突進しゼウスに殺された話も、火山活動と関係があるといわれる。[32]

(31) 祭事学(カルパ)、音韻学(シクシャー)、韻律学(チャンダス)、天文学(ジョーティシャ)、語源学(ニルクタ)、文法学(ヴィヤーカラナ)。

(32) Stutley, *A Dictionary of Hinduism*, p. 315.

第一六話　シビ王の捨身

シビ族にウシーナラという高徳の王がいた。インドラ（帝釈天）は彼を試すために、火神アグニとともに彼に近づいた。インドラは鷲となりアグニは鳩となった。そして鳩は鷲を恐れて王のもとに庇護を求めた。すると鷲は言った。

「すべての王は、あなたのことを法《ダルマ》を本性とする者と呼んでいる。それなのに、どうして法にそむくようなことをするのか？」

王は答えた。

「この鳥は庇護を求めて来たものである。もしこの鳩を守らなければ、このうえない非法となるであろう。この鳩は震え、狼狽して、生命を救ってもらおうと私のもとに来た。それを捨てれば非難されるだろう。」

鷲は言った。

「すべての生類は食物によって生きている。人は捨てがたい財物を失っても長生きできるが、食事を捨てたら生きられない。もし食物を奪われたら俺は死んでしまい、俺が死ねば息子や妻も死んでしまうだろう。そこで、もしこの鳩を保護すれば、あなたは多くの生命を殺すことになる。法を妨げる法は、それは法ではなく悪法だ。何ものをも妨げることなき法が真の法だ。」

王は答えた。

「お前の言ったことは正しい。お前は法をよくわきまえている。しかし、庇護を求めて来たものを捨てることは正しいか？　お前の目的は食物を得ることだが、他の方法によっても、もっと多くの食物を得ることができる。牛や猪や鹿や水牛を、あるいはお前の望むものは何でも、お前のために用意してやろう。」

鷲は言った。

「俺は猪や水牛や鹿なぞ食わぬ。そんな肉が何になるか。俺のためにその鳩を放してくれ。鷲というものは鳩を食うのだ。それが永遠のさだめなのだ。もしあなたが道理を知っているなら、バナナの幹に登ってはならぬ（道ならぬことをしてはならぬ）。」

王は言った。

「お前はこのシビ族の王国を統治してもよい。お前の望むものは何でもやる。しかし庇護を求めて来たこの鳩をやるわけにはいかぬ。私にできることがあったら言ってくれ。」

鷲は言った。

「もしあなたがこの鳩を愛しいと思うなら、自分の肉を切って、鳩とともに秤《はかり》にかけて、鳩と同じだけの重さの肉を俺にくれ。そうすれば俺は満足する。」

王は言った。

「お前の要求は好意的だと思う。私は今すぐに、自分の肉を秤にかけてお前にやる。」

それから、王は自分の肉を切って、鳩とともに秤にのせた。しかし、秤の上の鳩はだんだん大きくなっていった。そこで王は自分の肉を切り続け、そしてついに鳩とつりあう肉がなくなってしまうと、王は自ら秤に乗った。すると鷲は告げた。

「私はインドラである。鳩は火の神だ。我々は今日、法に関して汝を試すために来たのだ。自分の身体から肉を切りとるとはすばらしい。この世で汝の名声は永遠に存続するであろう。」(『マハーバーラタ』三・一三〇―一三一)

この物語は後世、シビ(シヴィ)王の捨身の物語として知られ、『カターー・サリト・サーガラ』(一・七・八八―九七)にも簡略化されて伝わっている。そして、『大智度論』『賢愚経』など、多数の漢訳仏典の中にもこれと同様の話が見出される。(33)ところで、ここで紹介した『マハーバーラタ』の中の話は、実はシビの父のウシーナラの物語である。シビ自身の話としては、同じような内容のものが『マハーバーラタ』の他の個所（ボンベイ版、三・一九六）に収められている。しかし、こちらの話は、本書で底本に用いたプーナ批判版においては削除されているので、ウシーナラの物語を紹介したものである。それから、やはりプーナ批判版には収められていないが、『マハーバーラタ』（三・一九六）には別のシビ伝説が見られる。

そこでは、シビはあるバラモンの求めに応じて、自分の息子を殺して料理し、それをバラモンにさし出す。バラモンが「あなたが食べろ」と言うと、シビは自らそれを食べようとする。バラモンは彼を讃え、息子は生き返る。そのバラモンは実は創造主（梵天）であったのである。

シビ（シヴィ）王の捨身物語は、パーリ語のジャータカの中にも伝わっている。今はジャータカ番号四九九のものを紹介する。

昔、シヴィという高徳の王がいた。彼は毎日のように多くの布施をしたが、そのうちに、今までの常識的な布施では満足できなくなり、ついに自分自身を布施として人に与えたいと考えた。

帝釈天（サッカ）は王の意向を知ると、盲目の老バラモンに姿を変えて、

「あなたは二つの眼を持っているから、一つを私に下さい。」

と願い出た。すると王は心から喜んで、「二つともあげる」と約束したのである。王はシーヴァカという名医を呼んで、眼をとり出してくれと命じた。都中の人々が集まって来て、必死になってとめたが、王の決心を変えさせることはできなかった。シーヴァカも、

「眼を与えるということは大へんなことです。よくお考え下さい。」

と諫めたが、王が、「余はすでによく考えたのだ。ぐずぐずせずにやってくれ。もう話す必要はない」と言うので、しかたなく王の望みをきくことにした。彼は種々の薬品を砕き、その粉末を王の右眼に塗った。王の眼はまわり、きりきりと痛んだ。

「よくお考え下さい。今なら元通りにできます。」

「ぐずぐず言わずにやってくれ。」

そこでシーヴァカは再び薬を塗った。すると眼は眼窩からはずれ、より強烈な痛みが走った。

「よくお考え下さい。今なら元通りにできます。」

「ぐずぐず言うな。」

そこでシーヴァカは、三回目に、より激しい薬を塗りつけた。すると王の眼は動転し、眼窩からとび出て、筋によってかろうじてぶらさがっているという有様になった。

「よくお考え下さい。今なら元通りにできます。」

「ぐずぐず言うな。」

ついに極度の痛みが生じ、血が流れ出て、王の衣服は血まみれになった。王は激痛をこらえ、「ぐずぐずするな」と言った。

そこでシーヴァカは左手で眼を持ち、右手でメスを持って筋を切りとり、眼をとって王の手に置いた。王は残った左眼で右眼を眺め、苦痛をこらえてバラモンを呼び、「一切を知る智慧の眼は、肉眼の百倍も千倍も好ましい」と言いながら、その眼を彼に与えた。バラモンはそれをとり上げて、自分の眼にはめこんだ。王は同様にして、左の眼もバラモンに与えてしまった。バラモン、実は帝釈天は、天上界に帰って行った。

間もなく王の傷は治癒し、苦痛もやんだ。王は、「眼の見えないものにとって王国が何になろう。王国を大臣たちにまかせ、出家しよう」と考え、御苑に行って蓮池のほとりで結跏趺坐して、自分の行なった布施について瞑想していた。すると、そこに帝釈天がやって来て、王の行なったみごとな布施の果報として、彼の両眼を生じさせてくれたのだった。それは、「真実の完成の眼」という、超人的な能力をそなえた眼であった。

王の両眼が生ずると、大勢の人々が集まって来た。帝釈天は人々の中央で王を称讃してから、天上界に去って行った。

王はこの奇蹟を聞いて集まった国中の人々に、布施のすぐれた功徳を説いて聞かせた。それ以後、多くの人々が布施を行なうようになり、死後にこぞって天上界に赴ったので、天上界の人口が過密になったことである。

このパーリ語のジャータカと同様の話は、アーリヤシューラの『ジャータカ・マーラー』(二)にも伝わっている。しかし、興味あることに、漢訳諸仏典に伝えられたシビ王物語は、『マハーバーラタ』と同系統のものが多い。

(33) 『大智度論』のものは平川彰博士によって現代語訳された。『仏典I』筑摩書房、一〇二―一〇五頁参照。

第一七話　長寿の亀

聖仙マールカンデーヤは非常に長く生きたことで有名である。聖仙たちやパーンドゥの王子たちは彼に、

「あなたよりも長生きした者はいるか?」

とたずねた。するとマールカンデーヤは次のような話をした。

インドラデュムナという王仙がいた。彼の福徳が尽きた時、彼は天界から堕ちた。「汝の名声は消滅した」と言われて……。

彼は私(マールカンデーヤ)のところに来てたずねた。

「あなたは私のことを知っていますか?」(彼は自分の名声が尽きていないことを証明してもらおうと考えたのである。)

私は答えた。

「我々は錬金術師《ラサーヤニカ》ではない。我々は身体を苦しめることにより、目的の完成を企てているのだ。ところで、ヒマーラヤに、プラーカーラカルナという名の梟《ふくろう》がいる。彼ならあなたのことを知っているかもしれない。」

そこで王仙は馬となり、私を乗せてその梟のところへ行った。王仙は梟にたずねた。

「あなたは私のことを知っているか?」

梟はしばらく考えてから彼に答えた。

「私はあなたのことを知らない。」

王仙は再びその梟にたずねた。

「あなたよりも長生きしている者がいるか?」

梟は答えた。

「インドラデュムナという名の湖があり、そこにナーディージャンガという鶴《バカ》が住んでいる。彼は我らより長く生きている。彼にたずねなさい。」

そこでインドラデュムナは私と梟を乗せて、ナーディージャンガという鶴が住んでいる湖へ行った。我々は彼にたずねた。

「あなたはインドラデュムナ王を知っているか?」

彼はしばらく考えてから答えた。

「私はインドラデュムナ王を知らない。」

そこで我々はきいた。

「誰かあなたよりも長く生きている者はいるか?」

彼は我々に答えた。

「この湖の中に、アクーパーラという名の亀がいる。彼は私よりも長く生きているから、もしかしたらこの王を知っているかもしれない。だからそのアクーパーラにきいてみよう。」

それから、その鶴は亀のアクーパーラを呼んだ。

「あなたにたずねたいことがある。どうか出て来て下さい。」

それを聞くと、その亀は湖から出て来て岸へ上がった。そこで我々はたずねた。

「あなたはインドラデュムナ王を知っているか?」

亀はしばらく考えていたが、やがて眼に涙をいっぱい浮かべ、震えながら合掌して言った。

「私がこの方を知らないはずはございません。この方は大昔、私の上に祭火を据えて祭式を行なったのです。この湖は、この方が謝礼として与えた牛たちに踏まれてできたのです。それ以来、私はここに住んでおります。」

亀がそう言うやいなや、天界から神の車が出現して、インドラデュムナに呼びかける声が聞こえた。

「汝は天にもどれる資格がある。ふさわしい場所に赴け。汝の名声は尽きていなかった。すぐに帰れ。」

それを聞くと王は言った。

「この長老たちをもとの場所にもどすまで待って下さい。」

それから彼は、私と梟を元の場所に帰し、自らは天へもどった。(『マハーバーラタ』

三・一九二）

わが国でよく知られている「鶴は千年、亀は万年」という文句は、いつ頃どこで成立したものであろうか？　興味あることに、このインドラデュムナの伝説の中に、それと同様のことが説かれているのである。ナーディージャンガという鶴は、長寿の梟よりもずっと長生きし、アクーパーラという亀は、その鶴よりも更に長く生きていて、マールカンデーヤ仙のことを知っていたのである。

もっとも、ここに「鶴」と訳した鳥はバカという鳥で、アオサギの一種とも言われる（学名、Ardea nivea）が、鶴の一種とも説明される場合もある。この鳥はインドの物語にしばしば登場し、古来インド人によく親しまれた鳥であるから、ちょうどわが国の鶴にあたると考えてよいと思われる。また、アクーパーラという亀は、太古神々が大海を攪拌した際に、攪拌棒として用いたマンダラ山を支える支点として用いられたことで有名である（第一話、八二、八四、八六頁参照）。つまり、この亀は原初の亀なのである。

この伝説は、マールカンデーヤ仙がパーンドゥの王子たちに語ったものであるが、次の伝説も、その直前にマールカンデーヤによって語られたものである。

第一八話　蛙の奥方

アヨーディヤー市に、パリクシットという名の王がいた。この王はある日、狩に出かけ、馬に乗って鹿を追いかけているうちに、遠方まで達し、疲れて飢えと渇きに苦しんでいたが、青い森を見かけて入って行った。そして、その森の中に心地よい池を見つけて、馬もろともに飛びこんだのである。かくてひと息ついて蓮池の岸に上がって寝ていると、甘美な歌声が聞こえてきた。

「ここには人の往来した跡はない。いったい誰の歌声であろうか？」

と考えていると、このうえなく美しい少女が花々を摘みながら歌っているのを見かけた。彼女がそばに来たので、王はたずねた。

「美しいひとよ、あなたは誰のものか？」

「私は娘よ。」

「私はあなたが欲しいのだが。」

「条件をきいて下されば、あなたのものになるわ。」

そこで、王は彼女にその条件をたずねた。

「私に水を見せてはなりませぬ。」

王は承知して彼女と交わった。それから彼女とともに坐っていると、後を追って来た軍勢が来たので、王は彼女と輿に乗って出発した。自分の都に着いた王は、彼女と二人きりで愉しんでばかりいて、他のものを何も顧みなかった。

さて、大臣が王のそば近く仕える侍女たちに、ここで何が必要かとたずねているうちに、女たちは言った。

「全く前例のないことですが、ここには水を運んではいけないのです。」

そこで大臣は水のない御苑を造らせた。

「これは水のないすばらしい御苑です。ここで楽しくお遊び下さい。」

ある日、王はその心地よい森を王妃と散歩していた。彼は飢えと渇きを感じ、疲れて、非常に大きい蔓草の茂みの中に王妃とともに入って行った。そこには、漆喰で念入りに塗りかためた、清浄な水をたたえる小さな池があった。王は王妃とその岸に立っていたが、やがて彼女に言った。

「よし、池の水におりなさい。」

彼女はその言葉を聞くと、池に跳びこんで沈み、再び上がってこなかった。王は彼女を捜しても見つからないので、池を空っぽにしたところ、穴の口に蛙を見つけた。彼は（こいつが王妃を殺したと思い）、怒って命令を出した。

「すべての蛙を殺してしまえ。私に何かを望む者は、死んだ蛙を持って来い。」

こうして全国で恐ろしい蛙の殺戮が行なわれたので、蛙たちは蛙の王に訴えた。そこで蛙の王は苦行者の身なりをして、王に近づいて言った。

「王よ、怒りにかられてはなりません。罪もない蛙を殺すことはよくありません。」

最愛の妻を失って悲嘆にくれている王は答えた。

「この邪悪な連中は妻を食ったのだ。何としても蛙を殺さねばならぬ。賢者よ、とめてくれるな。」

蛙の王はそれを聞くと狼狽して言った。

「王さま、お許し下さい。私はアーユという名の、蛙の王です。彼女は私の娘で、スショーバナーという名です。これが彼女の悪い癖なのです。以前にも、多くの王が彼女に騙されました。」

それでも、王が彼女を欲しいと頼むので、父は娘を王に与えて言った。

「この王によくお仕えしろ。ただし、お前は王たちを騙したから、お前の子供たちはまっとうな者にはならぬぞ。お前は嘘つきなのだから……」

王は三界の主権を得たかのように大喜びして、蛙の王に感謝した。

その後、王はシャラ、ダラ、バラという三人の息子を得、シャラに王位を譲って森に隠遁した。シャラは聖仙ヴァーマデーヴァの名馬を騙しとろうとして聖仙の怒りをかい、羅刹に食われて死んだ。続いてダラが王位につき、ヴァーマデーヴァを射ろうとしたが、自分の息子を射てしまい、再度聖仙を射ろうとしたが果たせなかった。しかし、聖仙が彼の妃の願いをききとどけたので彼の罪は消え、彼は喜んで聖仙に馬を返した。(『マハーバーラタ』三・一九〇)

『マハーバーラタ』第三巻には、「ナラ王物語」(三・五〇—七八)と「サーヴィトリー物語」(三・二七七—二八三)という、あまりにも有名な二篇の物語が収められているが(34)、それに対し、ここで紹介した物語のような野趣あふれる愛すべき小品も見出される。

この物語は、ウルヴァシー伝説(四七—五一頁参照)に代表される神人結合の話の変形である。人間が恋する対象は天人とは限らず、竜(蛇)であったり阿修羅の娘であったりするが、蛙である例は非常に稀であると思われる。この場合も、「水を見せてはならぬ」というタブーが設定され、人間がそのタブーを犯した時に、蛙の妻は消え去るのである。読者はこの小品を読んで、そこはかとないユーモアを感じないだろうか? もし感じたとすれば、インド古典特有のユーモアを理解したことになる。何となく投げやりな、一種のハードボイルドと言い得るような表現法が、このユーモアを生み出すのである。我々は後代の説話文学作品において、そのようなユーモアの例をいくらでも見出すことができる。この物語の最後の部分に、蛙の生んだ息子たちが聖仙ヴァーマデーヴァの馬を盗もうとして破滅する話があるが、これはクシャトリヤに対するバラモンの優越を示す目的で作られたものである。その点、ヴィシュヴァーミトラ伝説（第七話）などと軌を一にする。

（34）「ナラ王物語」には拙訳『原典訳マハーバーラタ3』に所収の訳の他、鎧淳訳（岩波書店）、北川秀則・菱田邦男訳（山喜房仏書林）その他があり、また「サーヴィトリー物語」は前田式子訳（筑摩書房）、および拙訳『マハーバーラタ4』に所収のものがある。

第一九話　毘沙門天と羅刹王

クベーラ（毘沙門天）はヒンドゥー教における財宝の神であり、「財宝の主」「財宝の守護者」などと呼ばれる。彼はまた夜叉（ヤクシャ）と羅刹（ラークシャサ）をはじめとする

クベーラ（毘沙門天）

鬼神たちの領袖であり、「夜叉の王」「羅刹の王」などと呼ばれる。そして、カイラーサ山中の都市アラカーに住む北方の守護神であるから、「カイラーサに住む者」とか「アラカーの主」などと呼ばれる。彼はヴァイシュラヴァナ（「毘沙門」はその音写）という別名を持ち、羅刹王ラーヴァナの異母兄弟であるとされる。この梵天の血をひく兄弟に関する神話は、『マハーバーラタ』と『ラーマーヤナ』において、多少異なった形で伝えられている。

（一）

プラジャーパティ（造物主）梵天に、彼の意より生じたプラスティヤという息子がいた。そのプラスティヤには、ヴァイシュラヴァナ（クベーラ）という、牝牛に生ませた息子がいたが、その息子は父をうちすてて、もっぱら祖父（梵天）に仕えていた。それを怒ったプラスティヤは、ヴァイシュラヴァナに対抗させるために、ヴィシュラヴァスという自己の分身を生み出した。一方、梵天は満足して、ヴァイシュラヴァナに恩寵を授けた。すなわち、ヴァイシュラヴァナは不死となり、財主となり、世界守護神の一人となり、イーシャーナ神（伊舎那天《いしゃなてん》、シヴァ神と同一視される）と友情を結び、ナラクーバラという息子を得、羅刹（ラクシャス）の群に満ちたランカーという都市を得たのである。

プラスティヤの分身である聖者《ムニ》ヴィシュラヴァスが怒っていることを知ったヴァイシュラヴァナは、いつも父をなだめようと努めていた。このランカーに住む王の中の王（ヴァイシュラヴァナ）は、侍女として父に三人の羅刹女（ラークシャシー）を献じた。彼女たちは、プシュポートカター、ラーカー、マーリニーという名であったが、舞踊や歌に通じていて、競いあって大仙（プラスティヤ）に仕えたから、聖者は満足して彼女たちの願いをききとどけ、世界守護神にも似たすばらしい息子を一人一人に授けた。すなわち、プシュポートカターには羅刹王たる二人の息子、クンバカルナとラーヴァナ（「十の頭を持つ者」と呼ばれる）とを生ませた。マーリニーにはヴィビーシャナという息子を生ませた。ラーカーには、カラとシュールパナカーという男女の双子を生ませた。長兄の十頭者ラーヴァナは、大なる気力をそなえた勇猛な羅刹であった。彼らはすべて、父とともにガンダマーダナ山（香酔山）において楽しく暮らしていた。

やがて彼らは、最高の富貴を享受するヴァイシュラヴァナを見て競争心を起こし、激しい苦行を行なった。ラーヴァナは風を食らい（断食して）、五火を保ち、みごとに精神統一して、一本の足で千年の間立ち続けた。他の兄弟も思い思いの苦行を行なった。

千年が過ぎた時、ラーヴァナは頭を切って火中にくべた。世界の主（梵天）はそれに満足し、彼らの望みをかなえてやることにした。

「私はお前たちに満足した。何でも願いをかなえてやろう。ただし、不死となることは除く。お前が火中にくべた頭はすべてお前の体にもどり、元通りの姿にもどるであろう。そして、お前は望みのままの姿をとることができるようになり、戦闘において敵どもをうちやぶるであろう。」

そこでラーヴァナは願った。

「私が神々・ガンダルヴァ（乾闥婆）・阿修羅・夜叉・羅刹・蛇・キンナラ（緊那羅）・ブータ（鬼霊）たちに敗北することのありませんように！」

梵天は答えた。

「お前が列挙したすべての者におびやかされることはない。ただし、人間を除いて……。私はこのように定めた。」

このように言われて、ラーヴァナは満足した。というのは、食人鬼の彼は、愚かにも人間を軽蔑していたからである。[35]

羅刹ラーヴァナはこの恩寵を得てから、財主（クベーラ）を破ってランカーから追い出した。ヴァイシュラヴァナ（クベーラ）はランカーを出て、ガンダルヴァ・夜叉・羅刹・キンプルシャたちをひきつれて、ガンダマーダナ山へ去った。この際、ラーヴァナは彼の天車プシュパカを奪ったので、彼はラーヴァナを呪った。

「戦いでお前を殺す者がそれに乗るであろう。私をひどく侮辱したから、お前はすぐに滅びるだろう。」

しかるに、敬虔で徳高いヴィビーシャナ（ラーヴァナの弟）は財主につき従った。財主はそれに満足して、彼を夜叉と羅刹の将軍に任じた。

一方、人を食う羅刹とピシャーチャ（食肉鬼）たちはラーヴァナを王位につけた。彼は力に酔い、神々や悪魔《ダイティヤ》を攻撃してはその宝物を奪った。望むままの姿をとり、空を飛んで……。彼は世界の人々を恐怖させた（rāvayāmāsa）から「ラーヴァナ」（Rāvaṇa）と呼ばれるようになったのである。

彼を恐れた神々や聖仙たちは、アグニ（火神）を先頭にして、梵天のもとに庇護を求めた。火神は言った。

「ヴィシュラヴァスの十の頭を持つ強力な息子は、かつてあなたによって無敵な者とされ、すべての生類を苦しめている。どうか我々を救って下さい。」

すると梵天はこう予言した。

「彼は神々や阿修羅によっては破られない。しかし、私の要請により、ヴィシュヌ神が彼を殺すべく地上に降っている。彼がこの仕事をなしとげるであろう。」

ヴィシュヌ神が地上に降臨してダシャラタ王の息子として生まれたのがラーマ・チャン

ドラであり、後にラーヴァナを殺す。(『マハーバーラタ』三・二五八―二六〇)

(二)

昔、クリタ・ユガ（黄金時代）に、ブラフマー（梵天）の息子で、プラスティヤという名の梵仙がいた。彼が苦行をしていると、若い女たちが隠棲処に来て遊び戯れ、彼の苦行の妨害をした。そこで怒った大仙は、

「誰にせよ私と出会った女は胎児を宿すことであろう。」

と予告した。それを聞いた女たちは、みな呪詛を恐れてその場所に近づかなかった。しかし、トリナビンドゥという王仙の娘は、そのことを知らずに、恐れることもなくその隠棲処に行って散歩していた。そして仙者を見たので、妊娠の徴候を示した。彼女が父の隠棲処に帰ると、その様子を見た父親はどうしたのかと質問した。娘は、

「どうしたわけかわかりませんが、プラスティヤ仙の隠棲処へ一人で行って彼を見かけ、こわくなってここに帰って来ました。」

と答えた。王仙トリナビンドゥは神通力によって大仙プラスティヤの呪詛を知ると、娘をつれて大仙のところに行き、娘を妻にしてくれと頼んだ。プラスティヤは承諾した。やがて二人の息子が生まれた。プラスティヤは、「私の教育により、汝はヴェーダを知

悉する（viśruta）であろうから」と言って、彼にヴィシュラヴァス（Viśravas）という名前をつけた。このヴィシュラヴァスは父と同様に立派な聖者となった。

さて、このヴィシュラヴァスは、やがて聖仙バラドゥヴァージャの娘のデーヴァヴァルニニー（イラヴィラー）を娶《めと》り、ヴァイシュラヴァナ（クベーラ）という息子をもうけた。ヴィシュラヴァスの息子ということで、ヴァイシュラヴァナと名づけたのである。ヴァイシュラヴァナは千年の間、森で苦行に励んだので、梵天は喜んで、何でも望みをかなえてやると告げた。そこでヴァイシュラヴァナは、世界守護神になりたいと望んで許された。こうして彼は、ヤマ、インドラ、ヴァルナと並ぶ、第四の世界守護神に任じられたのである(36)。

更に、梵天は彼を財宝の主とし、またプシュパカという天車を彼に与えた。梵天が去った時、財主（ヴァイシュラヴァナ）は合掌して父にたずねた。

「私は梵天からこのような恩寵を得ました。しかし、かのプラジャーパティ（造物主）は、私の住居を定めて下さいませんでした。どこに住んだらよいでしょうか？」

するとヴィシュラヴァスは答えた。

「南の海岸にトリクータという山がある。その山頂に大インドラの都（アマラーヴァティー）にも似たランカーというすばらしい都市がある。それはヴィシュヴァカルマン（毘首羯磨）によって造られたものだ。羅刹が住むために。お前はそのランカーに住め。羅刹たちはヴィシュヌ神を恐れて地底界（ラサータラ）へ行ってしまったので、今、その美しい都は空っぽである。お前がそこに住んでも罪とはならぬし、また誰もお前をとめはしない。」

そこでヴァイシュラヴァナはランカーに住むことにした。ヴィシュヴァカルマンが羅刹のためにランカーを建設し、羅刹たちがヴィシュヌ神にそこを追われたいきさつは次のようである。

太古、造物主梵天は水を創り、それを守らせるためにある生物を創った。その者たちは、水を守る（rakṣ-）と言ったので、ラークシャサ（rākṣasa,「羅刹」と音写）と名づけられ、また、水を崇拝する（yakṣ-）と言ったので、ヤクシャ（yakṣa,「夜叉」と音写）と名づけられた。

羅刹の一族のうちに、マーリヤヴァット、スマーリン、マーリンという三兄弟がいた。彼らは激しい苦行を行なったので、梵天は彼らの望みをききとどけ、彼らを無敵で長寿のものとしてやった。そこでこの羅刹たちは恐れることなく神々や阿修羅たちを苦しめた。

彼らはヴィシュヴァカルマンに、

「我々の家を作ってくれ。」

と頼んだ。そこでヴィシュヴァカルマンは、彼らのために、南海の岸にあるトリクータ山頂にランカー[37]という都市を造って与えたのである。

この羅刹たちに悩まされた神々や聖仙たちは、シヴァ神に指示されて、ヴィシュヌ神に助けを求めた。ヴィシュヌは羅刹どもを粉砕すると約した。羅刹たちはそれを聞くと、相談して神々を攻撃したが、ヴィシュヌは彼らを撃退した。そこでスマーリンは、一族とともに、地底界に移り住んだ。ヴァイシュラヴァナがランカーを住処と定めたのはこの時期である。

スマーリンは娘のカイカシーをヴィシュラヴァスに嫁がせた。この政略結婚の結果生まれたのが、ラーヴァナ、クンバカルナ、シュールパナカー、ヴィビーシャナであった。彼らはヴァイシュラヴァナに対抗しようとして、激しい苦行を行なった。千年の苦行の後、ラーヴァナは自分の頭を火中に投じた。十の頭を持つラーヴァナはそれを九回繰り返したが、十回目に梵天が現れて彼の願いを聞いてくれた。ラーヴァナは「あらゆるものに殺されぬこと」を望んだが、それは拒絶され、その代わりに、スパルナ（ガルダ鳥）・竜（ナーガ）・夜叉（ヤクシャ）・魔類（ダイティヤ、ダーナヴァ）・羅刹（ラクシャス）・神々によって永久に殺されないことを願ってかなえられた。そして、彼が火中に投じたすべての頭を返してもらった。

ヴァイシュラヴァナは父の忠告に従い、ランカー市をラーヴァナに譲り渡した。かくてラーヴァナはランカーの統治者となり、阿修羅マヤの娘のマンドーダリーと結婚した。ラーヴァナは乱暴狼藉の限りを尽くして、神々・聖仙・夜叉・ガンダルヴァなどを殺害したので、ヴァイシュラヴァナは弟に使者を送って忠告したが、ラーヴァナは怒って使者を剣で斬り殺し、羅刹たちに食物として与えてしまった。それからラーヴァナは三界を征服しようと望み、戦車に乗ってヴァイシュラヴァナの住処（カイラーサ山中のアラカー市）を攻撃した。こうして、ラーヴァナのひきいる羅刹の大軍と、ヴァイシュラヴァナの従者である夜叉の軍勢との間に熾烈な戦闘が行なわれ、羅刹軍は多くの夜叉を殺した。

夜叉軍の勇士マニバドラ（あるいはマニチャラ）は多くの羅刹を殺した。怒ったラーヴァナは彼の冠を撃ったので、彼の冠は一方に傾いた。それ以来、この夜叉はパールシュヴァマウリ（「冠が一方に傾いた者」の意）と呼ばれるようになったという。

ヴァイシュラヴァナはラーヴァナに棍棒で頭を撃たれ、失神して倒れた。ラーヴァナは兄を打ち倒して心から喜び、彼の天車プシュパカを奪った。ラーヴァナはその空飛ぶ車に乗って、カイラーサ山からひき上げたのである。（『ラーマーヤナ』七・三—一四）

『マハーバーラタ』と『ラーマーヤナ』の伝承を比較すると、ヴァイシュラヴァナおよびラーヴァナの出生に関する話がかなり異なっていることがわかる。最も大きな相違点は、『マハーバーラタ』ではこの兄弟が梵天の孫であるのに対し、『ラーマーヤナ』では梵天の曾孫であることである。『マハーバーラタ』では、息子ヴァイシュラヴァナを嫌ったプラスティヤがヴィシュラヴァスという分身を作り出したことになっているが、そこではこのヴィシュラヴァスの役割がいまひとつ明瞭ではない。また、ヴァイシュラヴァナの母が「牝牛」であるというのも異様である。

『マハーバーラタ』の所伝

　　　　　　　　　プシュポートカター
　　　　　　　　　＝――――――ラーヴァナ
梵天――――――プラスティヤ
　　　　　　　（ヴィシュラヴァス）
　　　　　　　　　＝――――――ヴァイシュラヴァナ
　　　　　　　　　牝牛（?）　　　　（クベーラ）

『ラーマーヤナ』の所伝

　　　　　　　　　　　　　　　　　　　カイカシー
　　　　　　　　　　　　　　　　　　　＝――――ラーヴァナ
梵天――――――プラスティヤ
　　　　　　　　　＝――――――ヴィシュラヴァス
　　　　　　　トリナビンドゥの娘
　　　　　　　　　　　　　　　　　　　＝――――ヴァイシュラヴァナ
　　　　　　　　　　　　　　　　　　　デーヴァヴァルニニー　　（クベーラ）
　　　　　　　　　　　　　　　　　　　（イラヴィラー）

『ラーマーヤナ』ではこの点を改良し、ヴァイシュラヴァナは、プラスティヤの息子ヴィシュラヴァスと、有名な聖仙バラドゥヴァージャの娘との間に生まれたとし、更に、ヴィシュラヴァスの息子だからヴァイシュラヴァナと名づけられた、という語源解釈をつけ加えている。この伝説は『ラーマーヤナ』の後篇（ウッタラ・カーンダ）に収められており、その成立は明らかに『マハーバーラタ』中のものよりも後代であると考えられる。また、『ラーマーヤナ』には、羅刹と夜叉の起源と、羅刹がランカーに住むことになった事情が述べられている。

(35) 彼は後に人間のラーマ王子に殺された。
(36) インドラが東方、ヤマが南方、ヴァルナが西方、クベーラが北方をそれぞれ守護するとされる。
(37) セイロン島（現在のスリランカ）のこととされるが、ランカーは山頂の都市の名である。

第三話　スカンダ（韋駄天）の誕生

（一）

神々と阿修羅（アスラ）たちが互いに争った時、いつも阿修羅たちが勝利を収めていた。神軍にはよい軍司令官がいなかったのである。神々の王インドラ（帝釈天）は、誰か彼の軍を指揮するものはいないかと、いつも悩んでいた。

ある日、インドラはマーナサ山に行き、そこで助けを求める女の悲鳴を聞いた。悪魔ケーシンが一人の娘をさらおうとしていたのだった。インドラは悪魔の手から娘を救い、彼女の名をたずねた。彼女はプラジャーパティ（造物主ダクシャを指す。二四八頁参照）の娘で、デーヴァセーナーという名であった。彼女は、自分は弱い女だが、自分の夫となる人は強力で、神々や阿修羅に尊敬される偉大な征服者になると予言されていると言った。インドラが彼女を梵天（ブラフマー）のところにつれて行くと、梵天は、インドラの軍勢の偉大なる将軍となるべき強力な男児の誕生を予言し、その男はデーヴァセーナーの夫となるであろうと告げた。

その頃、ヴァシシタたち七人の聖仙(38)は、祭式を行ない、アドブタ火を太陽から呼び出していた。火神はアーハヴァニーヤ火炉に入った。ところが、火神は七仙の妻たちを見て欲情した。しかし、かろうじて自制して家庭の火の中に入り、炉の中でいつも彼女たちを見て楽しんでいた。だが、彼女たちを得ることができないので愛にこがれ、ついに身体を捨てる決意をして森へ行った。

スカンダ（韋駄天）　ペルール寺

さて、ダクシャの娘のスヴァーハー（「薩婆訶《そわか》」と音写）は、かねてより火神に思いを寄せていたが、火神はつけいる隙を見せなかった。しかし、火神が森へ入ったことを知ると、彼女は愛にこがれ、彼と交わるために七仙の妻たちの姿をとった。彼女はアンギラス仙の妻のシヴァーであると偽って、火神のもとに行って思いのたけを述べた。そこで火神は大いに喜んで彼女と交わった。彼女は満足して彼の精液を手にとったが、森の中で誰かに姿を見られてはまずいと思い、ガルディー（ガルダ鳥の母ヴィナター）の姿をとって、森を出てシュヴェータ山へ飛んで行き、黄金の穴の中に精液を落とした。その時、彼女は七仙の妻たちのうちの六人の姿をとっていたが、ヴァシシタ仙の貞節な妻アルンダティーの姿だけはとることができなかった。そこで彼女は、六度、火神の精液を落とした。その精液から男児が生まれた。彼は落下した（skanna）からスカンダ（Skanda）と名づけられた。彼は六回落とされた精液から生まれたから六面を持ち、十二の耳・眼・腕・足を持つが、胴体は一つであった。

スカンダは生まれるやいなや四日目にして完全な姿に成長し、大声で咆哮して多くの生物をふるえ上がらせた。彼は矢を射かけて、ヒマーラヤの息子クラウンチャ山をさし貫き、また大きな投槍でもってシュヴェータ山の頂を裂いた。シュヴェータ山は彼を恐れ、他の山々とともに、大地を離れて飛び上がった。そのため大地（の女神）は振動し、いたるところに亀裂を生じた。大地は苦しんでスカンダに庇護を求め、再び堅固になった。山々も彼を崇拝して地上にもどった。かくて、今の世の人も、白月《びゃくがつ》（月が満ちてゆく十四日間）の第五日目にスカンダを崇拝するのである。

一方、聖仙たちはさまざまな恐ろしい前兆を見て動顚した。スカンダは火神が七仙の妻たちやガルダの母に生ませた子である、という噂が広まった。七仙のうちヴァシシタを除く六人は妻たちを離縁した。神々はスカンダのことを聞き、彼を成敗しなければ自分たちの地位があやういとインドラに訴えた。インドラも彼の力を恐れ、世界の母神（マートリ）たちにスカンダを殺すように頼んだ。しかし彼女たちは、スカンダが無比の力をそなえていることを知ると、他ならぬ彼自身に庇護を求めたのであった。彼女たちは彼を自分の息子として可愛がった。

そこでインドラはアイラーヴァタ象に乗り、神々をひきいてマハーセーナ（スカンダ）を攻撃したが、神々は彼の敵ではなく、かえって彼に庇護を求めるという有様であった。そこでインドラは自らヴァジュラ（金剛杵）をスカンダに投じた。ところが、ヴァジュラがスカンダにあたると、槍を持ったヴィシャーカをはじめとする多くの分身が生じた。インドラはそれを見て恐怖にかられ、スカンダに許しを乞うた。

スカンダの分身である小クマーラ（クマーラカ）たちは、新生児や胎児たちを無慈悲に奪った。（ヴィシャーカたちは小児病の形をとったスカンダを表すと思われる。）そこで地上の人々はスカンダを「クマーラたちの父」（クマーラ・ピトリ）と呼んで恐れ敬った。そして息子を望む人々は、各地で、ルドラ（シヴァ）、アグニ（火神）、ウマー（シヴァ神妃）、スヴァーハーを崇拝するのである。

母神たちは全世界の母になりたいと願い出て、カーキー、ハリマー、ルドラー、ブリハリー、アーリヤー、パラーラー、ミトラーという七母神たちが、スカンダの恩寵により、それぞれ息子を授けられた。その他にいろいろなことが起こったが、それらはすべて白月の五日目に起こったことである。

スカンダが生まれて六日目に、聖仙たちは彼にインドラ（神々の王）の位につくように請願し、シャクラ（インドラ神）もこれを了承したが、スカンダは固辞した。そこでインドラは彼を神々の将軍に任じた。そして、即位式の後、インドラはかつて自分が救ったデーヴァセーナーとスカンダを結婚させた。スカンダは生まれて六日目にその目的を成就したので、それゆえ、月の第六日（ṣaṣṭhī）は大祭日（マハー・ティティ）である。(39)

さて、六人の聖仙に離縁された妻たちは、スカンダのところに行って告げた。「我々の神にも似た夫たちは、いわれもなく我々を離縁したので、我々は清浄なる地位から落ちました。あなたは私たちから生まれたと人々は噂しております。その誤解から私たちを守って下さい。あなたの恩寵により、私たちにとって天国が不滅のものであるように計らって下さい。」

スカンダは彼女たちの願いをかなえ、六人の妻たち（ここで「クリッティカー」と呼ばれる）は、天界へ赴って、車の形をした星座（すばる座）となった。

ガルダの母ヴィナターもまた、スカンダの母になりたいと申し出てかなえられた。彼はまた、一切の母神群が彼の母になりたいと願い出た時にそれを承諾し、更に彼女たちの望みをたずねた。彼女たちは、以前に世界の母神たちと定められた母神たちにとって代わり、自分たちがその名誉ある地位につきたいと要求した。そして、以前の母神たちに奪われた自分たちの子孫を返してもらいたいと願い出た。(40)

スカンダは、奪われた子孫をとりもどすことは不可能であるが、彼女たちが望む他の子孫たちを与えると答えた。すると母神たちは、以前の母神たちの子孫を食うことを望んだ。スカンダは承知したが、ただし、母神たちをよく拝んだ子孫たちは除くようにと命じた。そして言った。

「種々の姿をとって、十六歳までの人間の子を悩ませよ。私は汝らに、不滅なる恐ろしい魂を与えよう。」

かくて、スカンダの体から金色の魂が生じて、人間の子供たちを食べた。それは地上に落ちると飢えてがつがつし、恐ろしい姿の病魔（グラハ）となった。その病魔は「スカンダの癲癇」（スカンダ・アパスマーラ）と呼ばれる。次いで多くの病魔が送り出され、新生児や胎児を襲った。だが、人々がこれらの病魔を、供物や香などで、特にスカンダに対する儀礼で崇拝すれば、彼らは人々に恩恵を授け、生命と活力とを与えるのである。十六歳から七十歳にいたるまでの人間を苦しめる病魔も多い。七十歳を越えると、熱病（ジュヴァラ）が病魔と同じような働きをする。病魔たちは、感官を乱さず自己を制御し清らかで孜々として励む信仰ある敬虔な人々を除外する。マヘーシュヴァラ（大自在天、シヴァ）を信仰する人々には、病魔たちは触れないのである。

スカンダが母神たちの望みをかなえてやった時、スヴァーハーは言った。

「あなたは私の生んだ子です。私もあなたから喜びを得たいと思います。」

スカンダが望みをたずねると、彼女は答えた。

「ダクシャの娘である私は、子供の頃からいつも祭火を愛しておりました。しかし火神はわかってくれません。私は永遠に火神とともに住みたいのです。」

スカンダはその望みをかなえた。その日以来、火中に供物を投ずるバラモンは、「スヴァーハー」（薩婆訶《そわか》）と唱えるようになった。こうして、スヴァーハーはいつも火とともにに住めることとなり、スカンダにお礼を言った。

それから、造物主梵天がスカンダに言った。

「あなたの父であるマハーデーヴァ（シヴァ）のところへ行きなさい。実はルドラ（シヴァ）はアグニ（火神）に入りこみ、またその妃ウマーはスヴァーハーに入りこんで、全世界の人々の安寧のために汝を生んだのである。」

そこでスカンダは、父であるマヘーシュヴァラ（シヴァ）に敬意を表した。こうして、神々や半神たちすべての者がシュヴェータ山に集まり、喜びに満ちてスカンダを見つめた。スカンダを将軍に任じてから、シヴァは妃のパールヴァティー（ウマー）と神々をつれて出発した。突然、もろもろの恐ろしい前兆が起こり、悪魔の軍が現れ、神軍との間に激しい戦闘が始まった。マヒシャ(41)という強力な悪魔が現れ、神々に大山を投げつけ、ルドラ（シヴァ）の車をも襲撃した。しかし、そこに恐ろしい形相をしたスカンダが駆けつけ、槍を投じてマヒシャを殺し、更に他の悪魔たちをもみな殺しにしてしまった。インドラは彼の武勲を讃えた。

こうして、火神の息子スカンダは、魔軍を退治し、大仙たちに崇拝され、わずか一日のうちに三界すべてを征服したのである。（『マハーバーラタ』三・二一三―二二一）

（二）

山の王ヒマーラヤには、妻のメーナー（メール山の娘）との間に二人の娘がいた。長女はガンガー（ガンジス）で次女はウマー（パールヴァティー）であった。ウマーは激しい苦行を行ない、父は彼女をルドラ（シヴァ）と結婚させた。

シヴァはこよなくウマーを愛し、いつも交わってばかりいたが、神々の百年が経過しても、二人の間に子供ができなかった。梵天をはじめとする一切の神々は、このままでは困ると思い、シヴァのところに行き、平伏して頼んだ。すなわち、神妃とともに苦行に専念し、三界の安寧のために、射精を慎んでエネルギーを貯えてほしいと要請したのであった。シヴァも、もっともなことと思い、ウマーとの性交をやめてエネルギーを貯えておくと約した。しかし、もし精液がありあまってあふれ出た時には、誰がそれをうけとめるのかとたずねた。大地の女神がそれをうけとめるであろう、と神々は答えた。

だが、やがて大地は、山や森もろともにシヴァの精液でいっぱいになってしまったので、神々は火神に言った。

「あなたは風神とともにシヴァの偉大な精液に入れ！」

つまり焼き尽くしてくれと頼んだのである。火神アグニに焼かれて、そのみちあふれた精液はシュヴェータ山とシャラ・ヴァナの森となった。

ところが、山の娘ウマーは神々を呪った。

「私は性交を禁じられた。あなた方の妻も子供を生めないであろう！」

そして大地をも呪詛した。

「あなたは多様な姿を持ち、多くの男の妻となるであろう。しかも、子供のもたらす喜びを味わうことはないであろう。」

シヴァが苦行をしている間、インドラをはじめとする一切の神々は、（悪魔を征伐する）将軍の誕生を願い、梵天のところに行って告げた。

「あなたはかつてシヴァ神を将軍としましたが、彼はウマーとともに最高の苦行を行なっております。世界の安寧のために、どうぞよろしくお計らい下さい。」

梵天は彼らを慰めて言った。

「我々の妻に子孫が生まれないと言った山の娘（ウマー）の言葉は取り消すことができない。しかし、火神はこの天上のガンガーに、悪魔を滅ぼす神々の将軍を生ませるであろう。山王（ヒマーラヤ）の長女ガンガーはその息子を尊重し、疑いもなくウマーもその子を大切にするであろう。」

そこで神々は鉱脈に飾られたカイラーサ山へ行き、息子を求めてアグニをうながした。

「火神よ、山の娘ガンガーに精液を注げ。」

そこで火神はガンガー女神の全身に（シヴァの）精液を注ぎかけた。このようにして、ガンガーは光り輝く胎児を生み出した。神々は生まれた子（クマーラ）を乳で育てるために、クリッティカー（すばる座。六女神とみなされる）たちにゆだねた。

彼女たちは、「これは我々みなの子である」と決めて、その子に乳を与えた。だからその子はカールッティケーヤ（「クリッティカーの息子」の意）と呼ばれる。また、出生の際、地上に落ちた（skanna）のでスカンダ（Skanda）と呼ばれた。その子は六人のクリッティカーたちの乳房から同時に乳を飲んだので、六つの顔を持つものとなった。そして、一日のうちに、すばらしい少年（クマーラ）の体を持つものとなり、自己の力によって悪魔の軍勢を征服した。（『ラーマーヤナ』一・三五―三七）

わが国で韋駄天として知られる軍神スカンダ、別名カールッティケーヤの性格は複雑である。[42]『マハーバーラタ』によれば、彼は生まれ落ちるや五日目にして、インドラをはじめとする神々と争う。これはこの神の非アーリヤ的で土俗神的な性格を暗示している。

彼は母神（マートリ）たちに育てられる。ここに登場する母神たちの性格は明瞭でないが、子供たちを食べることを願いスカンダに許される。鬼子母神（ハーリーティー）の伝説と何らかの関連があると思われる。また、七人の母神たちの名が挙げられているが、一般に知られる七母神（サプタ・マートリカー）の名前（ブラフマニー、マーヘーシュヴァリー、カウマーリー、ヴァイシュナーヴィー、ヴァーラーヒー、マーヘーンドリー、チャームンダー）[43]とは全く異なり、この神話が、整理された形の七母神信仰の成立する以前に属するものであることが推測される。そして、ここに登場する母神群が、更に古い母神たちにとって代わって、世界の母神の地位につきたいとスカンダに要請したことは、インダス文明より存在した母神の信仰に、複雑きわまりない変遷があったことをうかがわせる。

スカンダの分身たちは小児たちを奪い、彼はまた種々の病魔（グラハ）を生み出す。すなわち、スカンダは恐ろしい疫病神であるが、同時に、彼を崇拝する人々には生命と活力を与える。この民間で信仰された疫病神がスカンダの原形と思われるが、やがてスカンダ信仰が盛んになるにつれて偉大なる神となり、やがて神々の将軍の地位につけられ、シヴァ信仰とも深いかかわりを持つようになったのである。

後世、スカンダは、象面人身のガネーシャ（聖天）とともに、シヴァとその妃パールヴァティーの息子とみなされるが、『マハーバーラタ』と『ラーマーヤナ』に含まれる神話は、シヴァの息子としてのスカンダの系譜がいまだ定着しない段階を伝えている。『マハーバーラタ』のスカンダ神話の筋がはなはだ曖昧模糊としているのは、スカンダにまつわる民間伝承が未消化のままとり入れられているからであろう。

『マハーバーラタ』によれば、スカンダは火神アグニとダクシャの娘スヴァーハーの子供である。スヴァーハーが六人の聖仙の妻たち（後に「クリッティカー」と呼ばれる）の姿をとって、六度、火神の精液を落としたので、スカンダは六面を持ち、落下した（skanna）からスカンダ（Skanda）と呼ばれると説明されている。最後に、実はシヴァが火神に入りこみ、またパールヴァティーがスヴァーハーに入りこんでスカンダを生んだとされるが、これはすでにスカンダがシヴァの息子であるという伝承が定着した時代に付加されたものであろう。逆に言えば、この神話は古い形を残すとはいえ、それが『マハーバーラタ』に編入された時期は後代であるということである。何としてでもスカンダはシヴァの息子でなければならないという要請のもとに、このような便宜的な折衷案が考え出されたものである。『マハーバーラタ』は更に、クリッティカーがすばる座となった由来を説明している。

『ラーマーヤナ』の神話は、『マハーバーラタ』のものよりも整然としていて、シヴァ神話とより深く結びつけられている。ここでは、火神が、ガンガー女神にシヴァの精液を注ぎかけた結果、彼女はスカンダを生んだという。クリッティカー六女神が生まれた子供に乳を飲ませた。だからその子はカールッティケーヤと呼ばれ（Kṛttikā → Kārttikeya）、地上に落ちた（skanna）からスカンダ（Skanda）と呼ばれ、六人のクリッティカーの乳から同時に乳を飲んだから六面となったと説明されている。

この神話は、二大叙事詩の他にも、多くのプラーナ文献によって種々の形で伝えられているが、二大叙事詩のものが最も基本的であると考えられるから、ここではその他のバリエーションには言及しないことにする。

後世、スカンダはシヴァとパールヴァティーの息子であるとする伝説が定着した。特に、詩聖カーリダーサの叙事詩『クマーラの誕生』(クマーラ・サンバヴァ)が規範となった。『クマーラの誕生』の筋は『シヴァ・プラーナ』中の伝承に近いが、シャクンタラー伝説の場合と同じく、むしろ現存の『シヴァ・プラーナ』の編者がカーリダーサの叙事詩に倣ったと考えられる。この作品は一七章よりなるが、そのうち第一章から第八章までがカーリダーサの真作で、クマーラ(スカンダ)の誕生から悪魔ターラカを退治するまでを述べる第九章以下は後世の付加であるとみなされている。第二一話で『クマーラの誕生』の第八章までの梗概を示す。

(38) 七仙(Saptarṣi)の名は、マリーチ、アンギラス、アトリ、プラスティヤ、ヴァシシタ、プラハ、クラトゥ。あるいは、アトリ、ヴァシシタ、カシュヤパ、ヴィシュヴァーミトラ、ゴータマ、ジャマド・アグニ、バラドゥヴァージャをあげることもあり、伝承により多少異なる。七仙は北斗七星とみなされた。

(39) チャイトラ月の六日目に行なわれる、カールッティケーヤ（スカンダ）を崇拝する祭をSkanda-ṣaṣṭhī と呼ぶ。また、デーヴァセーナーは Ṣaṣṭhī と呼ばれる。
(40) 母神（mātṛ）に関する原文の記述は難解であるが、スカンダ信仰が生まれた頃に、古い母神群に代わる新しい母神群が形成されたことを暗示するものと思われる。
(41) マヒシャは、シヴァ神妃ドゥルガーに殺された水牛の頭を持つ悪魔の名として有名であるが、ここではスカンダに殺される。
(42) A・ヴェーバーによれば、西紀前三二七年に西インドに侵入したアレクサンドロス大王の姿がスカンダに投影されているというが疑わしい（『仏教語源散策』東京書籍、一三八頁参照）。
(43) これらの七母神については、立川武蔵『ヒンドゥーの神々』一四九―一五〇頁を参照されたい。

第三話　シヴァとパールヴァティー

山々の王ヒマーラヤは、妻のメーナーとの間に、マイナーカという息子とパールヴァティー（ウマー）という娘をもうけた。このパールヴァティーは、実は前世におけるシヴァ神の妻サティー（ダクシャの娘）の生まれかわりであった。彼女が年頃になった時、聖仙ナーラダがヒマーラヤに来て、彼女はシヴァと結婚することになると予言した。シヴァは妻のサティーを失った後、ヒマーラヤに来て苦行に専念していた。それを知ったヒマーラ

シヴァの妻パールヴァティー　ニューデリー国立博物館

愛神カーマとその妻ラティ　南インドの木彫

ヤは、娘にシヴァの身のまわりの世話をするように命じた。

その頃、神々はターラカという悪魔に悩まされていた。ターラカは梵天の恩寵により無敵となっていたのである。彼を倒せる唯一の男は、シヴァの息子のみであるということであった。そこで、シヴァに息子を作らせる必要があった。梵天は、ヒマーラヤの娘パールヴァティーこそ、シヴァの妻となるにふさわしいと告げた。

インドラはシヴァの恋情をかきたてるために、愛神カーマを派遣した。カーマは友のヴァサンタ（春）と、妻のラティ（快楽）とをともなって、シヴァが苦行をしている場所に出かけた。カーマが現れると、突然、樹々は芽吹き、森の生物は恋にめざめ、時ならぬ春の季節が訪れた。カーマは、パールヴァティーがシヴァのそばにいる好機をとらえて、そのサンモーハナ（「魅了する」という意。カーマの五本の矢の一つ）と呼ばれる花の矢を弓につがえた。

シヴァは月の出始めた海原のように
わずかにその平静さを失って
ビンバの果実のような唇をした
ウマーの顔に視線を向けた。（三・六七）

パールヴァティーの心も動揺した。だがシヴァは自制して、彼の心を乱した原因を探ろうとして四方に眼を向けた。そして弓をひきしぼっているカーマを見出し、怒って、その額にある第三の眼から火焰を発し、カーマを灰にしてしまったのである。ラティは気絶した。それから、シヴァは婦女のそばにいることは無益であると考え、従者とともに姿を隠した。パールヴァティーは、父の願望も自分の魅力的な肉体も空しいものと思い、恥ずかしさのあまり悄然として家に帰った。

カーマの妻ラティは意識をとりもどし、長いこと嘆き悲しんでいたが、やがてヴァサンタ（春）を呼んで火葬の準備をさせ、火中に身を投じて夫の後を追おうとした。その時、空から声が聞こえ、シヴァがパールヴァティーと結婚した暁には、カーマは再び姿をとりもどし、彼女はまた夫と再会することができようと告げた。

一方、パールヴァティーは、シヴァの愛情を得るために、父の許しを得てヒマーラヤ山脈の一つの山（後にガウリー・シカラと呼ばれる）で、ありとあらゆる苦行に身をゆだねた。例えば、夏に火の中に坐り太陽を凝視したり、冬に水中に立って夜を過ごしたりして、その蓮糸のように華奢な身体を日夜責めさいなんだ。

ある日、一人の苦行者（実はシヴァが彼女を試すためにとった姿）がそこにやって来た。

パールヴァティーはその客人をもてなした。その男は、彼女がシヴァのために苦行をしているのを知ると、口をきわめてシヴァの悪口を並べたて、彼女の望みを捨てさせようとした。彼女は憤って彼の悪口に反論し、シヴァの偉大なることを説いた。そして、自分の心はシヴァに対する愛情で占められていると言って、その場を去ろうとした。すると、シヴァは本来の姿にもどり、ほほえみながら彼女をひきとめた。

「パールヴァティーよ、今日からは私はあなたの奴隷だ。あなたの苦行によって買われた。……」

とそうシヴァが言った瞬間、彼女は苦行から生じた疲労をすっかり忘れた。労苦は実を結ぶ時、再び新たなる活力をもたらすものだ。

パールヴァティーはシヴァに、父ヒマーラヤの許しを得て下さいと頼んで、父のもとに帰って行った。シヴァはパールヴァティーとの結婚の許しを得ようとして、偉大な聖者たちをヒマーラヤの首都であるオーシャディプラスタに派遣した。ヒマーラヤは彼らを款待して用向きをたずねた。彼らは最も使者の口上にたけた神仙アンギラス（七仙の一人）をうながした。神仙はシヴァとパールヴァティーとの結婚を要請した。

神仙がこのように頼むと

パールヴァティーは父のかたわらで
うつむき、もてあそんでいた
蓮の花びらを数えていた。(六・八四)

ヒマーラヤは妻のメーナーと相談した結果、喜んでこの結婚に承諾した。ヒマーラヤの都は婚礼のために飾りつけられ、侍女たちはパールヴァティーを沐浴させ、花嫁衣裳を着せて化粧をさせた。

ある女が彼女の足に紅を塗って
「この足で御主人の頭の三日月を蹴ったら」
とからかいながら祝福すると、
彼女は何も言わずに、
手にした花環でその友をぶった。(七・一九)

一方、カイラーサ山にいたシヴァ神も、ふさわしく着飾り、牡牛ナンディン(44)に乗ると、従者や神々をつれてオーシャディプラスタ市に向けて出発した。そして都に到着した彼の美々しさは、都の人々、とりわけ女たちを魅了した。こうして、宮殿の中で盛大な結婚式が挙行された。ラクシュミー女神（吉祥天女）が二人に蓮花の傘をさしかけ、弁才天（サラスヴァティー）が二人のために祝辞を述べた。婚礼の後、シヴァは岳父の家に滞在し、かくて二人は限りない性の歓びにひたる。

彼女の臍のところに置かれたシヴァの手を
彼女はふるえながら遮るのだが、
その着物の帯の結び目はおのずから
すべて解けてしまうのだった。（八・四）

二人きりになり、着物を脱がされて
彼女はその両手でシヴァの両眼をふさぐ。
だが、彼の額にある眼が見つめるので
努力も空しく途方に暮れるのだった。（八・七）

朝になり、友たちが夜の出来事を

聞こうとせがむ。でも恥ずかしくて
彼女は友らの好奇心を満足させない。
しかし言いたいと心せくのだった。（八・一〇）

数日後、シヴァはようやく
妻に快感を味わわせた。
愛のよろこびを知った妻は次第に
快楽に対する警戒心を捨てていった。（八・一三）

シヴァはひめやかに愛戯を教え、
弟子の彼女は、その若さにふさわしい
巧みさで教えにこたえ、
師への謝礼をはらうのだった。（八・一七）

シヴァはヒマーラヤの家に、妻とともに一ヶ月間滞在したが、ヒマーラヤの許しを得て、
その後、妻とともに諸方を遍歴した。最後にガンダマーダナ山に着いて、妻とともに楽し

い日々を過ごした。(『クマーラ・サンバヴァ』第一―八章)

『クマーラ・サンバヴァ』第八章は露骨な性描写で有名である。インドの古典詩論家は粗野な描写を禁じている。とりわけ、神々の交歓を赤裸々に描写するというようなことは不敬罪に問われる恐れがある。しかし、九世紀のカシュミールが生んだ独創的な詩論家であるアーナンダヴァルダナは、詩人の創造力を最も重視して、

「大詩人といえども最高神を対象として性描写をするが、それは詩人の創造力に救われるから、粗野なこととはならない。」

と述べ、例としてこの『クマーラ・サンバヴァ』第八章における性描写をあげている。

ところで、この作品において、パールヴァティーはサティーの生まれかわりであるといわれている。このサティーは、梵天の生んだプラジャーパティ(造物主)の一人であるダクシャの娘である。ダクシャの名はアーディティヤ神群の一人として『リグ・ヴェーダ』に見え、元来は宇宙的創造力を擬人化したものと思われる。シヴァがダクシャの祭式を破壊した神話はプラーナ諸文献に種々の形で伝えられている。ダクシャの催した犠牲祭に夫のシヴァが招かれなかったことを悲しんでサティーは自殺する。シヴァは大いに怒って、ダクシャの祭式を完全に破壊してしまう。パールヴァティーはこのサティーの生まれかわ

りとされているのである。

カーマはインドの愛の神である。砂糖キビの弓と五本の花の矢を持ち、人の心を射て恋情をかきたてる。彼は鸚鵡《おうむ》に乗り、マカラ（象のような鼻を持つ海獣の一種。海豚《いるか》とも鰐とも解される）を旗標とする。通俗語源解釈で、彼はシヴァに燃やされたからアナンガ（体なきもの）と呼ばれ、「心に生ずるもの」（マナシジャ）となったとされる。また、カンダルパ、マンマタ、マーラなどと呼ばれる。後に彼はクリシュナの息子プラデュムナとして再生する（三二三頁参照）。

最後に、やはりシヴァとパールヴァティーの息子とされるガネーシャについて一言触れたい。ガネーシャはガナパティとも呼ばれるが、いずれも「群（ガナ）の主」という意味で、シヴァ神に仕える神群の長のことである。彼は身体は人間であるが象面で、一牙を持つからエーカダンタ（「一牙を持つ者」の意）と呼ばれる。彼はありとあらゆる障害をとり除く力をそなえているとされ、そのためにヴィグネーシュヴァラ（「障害を除く主」の意）とも呼ばれる。興味あることに、彼は鼠を乗物とする。

彼はスカンダと同じく土俗神[45]で、後代にシヴァ神話と関連づけられた新しい神である。彼に関する顕著な神話は『マハーバーラタ』や『ラーマーヤナ』にはみられず[46]、また、今までのところ、五世紀以前に作られたガネーシャ像は発見されていない。しかし、後世、

ガネーシャ（聖天） 鼠を乗り物にしている。 石彫

シヴァとその家族　妻パールヴァティーが抱いているのがスカンダ（韋駄天)。 向かいあっているのが象頭のガネーシャ（聖天） ビクトリア・アンド・アルバート博物館

ガネーシャ信仰は急速に広まり、わが国でも聖天として、今日にいたるまで民衆に崇拝されている。

(44) ナンディンはシヴァの乗物で、聖牛として崇拝されている。『リグ・ヴェーダ』二・三三・八において、ルドラ（シヴァ）は「赤褐にして白味を帯びし牡牛」と呼ばれている。牡牛は、シヴァの豊饒・生殖の面を表すとみなされる。J. Gonda, *Viṣṇuism and Śivaism*, p.76.

(45) 聖鳥ガルダや神猿ハヌマットなどの場合と同様、古代の動物崇拝（theriolatry）の名残りと考えられる。

(46) もっとも、ヴェーダ文献においては、ガナパティは「神群の主」という意味で、ブラフマナスパティ（祈禱主神）と同一視される。また、『マハーバーラタ』には、「シヴァの眷属の主」という意味のガナパティは随所に出る。

第三章　ヴィシュヌ神話

序

本書の主要なる目的は、二大叙事詩、特に『マハーバーラタ』を中心に、初期のヒンドゥー教神話を紹介することである。しかしながら、『マハーバーラタ』に含まれる神話を追うのみでは、後代のヒンドゥー教徒がこよなく愛好した数々の神話を網羅できぬ憾みが残る。それらの神話のすべてに言及することは、筆者の能力からいっても、基本的なサンスクリット原典による紹介を旨とする本書の性格からいっても、とうてい不可能な業であるので、ここでは、特に重要なヴィシュヌの化身（アヴァターラ）の神話を、また次の章で、そのうちでも代表的な化身であるクリシュナの伝説をとり上げることにする。

アヴァターラ（avatāra）とは「降下」という意味で、神が悪魔などに苦しめられる生類を救済するために、仮りに人間や動物の姿をとって地上に降臨すること、あるいはこうして現れた化身を指す。シヴァやインドラなども化身をとることがあるが、特によく知られ、また最も重要なものがヴィシュヌの化身なのである。ヴィシュヌの化身に関しては、部分的に、第二章第一話の大海攪拌神話の解説で、ヴィシュヌが亀となってマンダラ山を支えたという『ラーマーヤナ』中の神話を紹介し（八六頁）、また第一章のヴェーダ神話において、マヌと大洪水の伝説について解説する際に、ヴィシュヌが魚の化身をとることに言及したのみである（四六頁）。

ヴィシュヌの化身神話を連想させるような神話はすでにヴェーダ諸文献にあるが、それらの文献においては、化身するのがヴィシュヌであるという説は全く見出されない。ただし、ケーシャヴァ（クリシュナ）がヴィシュヌと同一視されていたことがうかがわれる。（『マイトラーヤニー・サンヒター』二・九・一）

ヴィシュヌの化身思想は二大叙事詩（例えば、『マハーバーラタ』六・六三・一二―一三）において発展するが、それが今日一般に知られているような形に整備されるのは、プラーナ諸文献においてであった。化身の種類と数については種々の説があり、必ずしも一定しないが、特に、猪（ヴァラーハ）、人獅子（ヌリシンハ、ナラシンハ）、亀（クールマ）、朱儒（ヴァーマナ）、魚（マツヤ）、ラーマ、パラシュラーマ、クリシュナ、ブッダ、カルキの十種の化身が最も一般的である。以下、『バーガヴァタ・プラーナ』の所伝に基づいて、ヴィシュヌの十種の化身に関する神話についてみていくことにする。

このプラーナは、比較的後期（九世紀頃）のものとされるが、『バガヴァッド・ギーター』とともにヴィシュヌ教徒（特にバーガヴァタ派[1]）の根本聖典とされ、後世に多大な影

魚	亀	猪
人獅子	ヴィシュヌとラクシュミー	朱儒
ラーマ		クリシュナ
パラシュラーマ	ブッダ	カルキ

ヴィシュヌの十化身
ビクトリア・アンド・アルバート博物館

響を与えた重要な文献であるから、ここで特に紹介する価値を有するものと考える次第である。

ところで、十種の化身に関する神話をとり上げる前に、最初に、ヴィシュヌの臍から梵天が生じた話、次に、北極星となったドゥルヴァの話を紹介したい。『バーガヴァタ・プラーナ』に含まれるヴィシュヌ神話を語る場合、この有名な二つの神話を無視することはできないからである。

(1) バーガヴァタ派の歴史については、中村元『ヒンドゥー教史』一三一―一三二、一五〇―一五一、二六二―二六四頁を参照されたい。

一 梵天がヴィシュヌの臍から生じたこと

その時、この全世界は水におおわれていた。唯一者(ヴィシュヌ)は瞑想の至福にひたって、大蛇(シェーシャ、アナンタ)を寝台として眠っていた。彼は四千ユガ(宇宙の年紀)の間、水上で眠り続けた。

それから、彼の内部にある微細な原理が激質（ラジャス）の影響を受けて、再び創造を開始しようと欲し、彼の臍から出た。それは蓮となり、そしてその世界蓮（ローカ・パドマ）の中に、ヴィシュヌ自身も入りこんだ。その蓮から、ヴェーダよりなる（すなわち、ブラフマンの体現化である）創造神（ブラフマー、梵天）が自力で生まれた。自力で（svayam）生じた（bhū）から、彼をスヴァヤンブ（Svayambhu,「自存者」の意）と呼ぶのである。

梵天は生まれるとすぐに四方を見まわしたので、四つの顔を得た。彼は周囲の水波を見てもわけがわからず、こう考えた。

蓮の上にいるこの自分は誰だろうか？　この一本の蓮はいったいどこから地上に生えているのか？　きっと下に、何か支えるものがあるにちがいない。

と考えて、蓮の茎の管を通って水中に入りこんだが、どうしてもその窮極を見出すことができなかった。そこで梵天は瞑想して蓮の花の上に坐し、ついに明知に達して、自己の内部に、プルシャ（ヴィシュヌ）が大蛇の上に横たわっているのを見た。（かくて梵天はヴィシュヌを讃え、世界創造を開始する。）（『バーガヴァタ・プラーナ』三・八）

梵天がヴィシュヌの臍、あるいは臍から生じた蓮花から誕生したということは、二大叙

ヴィシュヌの臍から生ずるブラフマー　デーオガル

事詩にも説かれている。梵天（ブラフマン（ヴェーダ聖典）を神格化したものであり、人格的な造物主と認められるにいたったことはすでに述べた。後代、梵天は最高原理として黄金の卵（宇宙卵）の中で眠っていたが、その卵を割って天・空・地を創ったとする説が成立し、[2]文学作品などでも、宇宙を「梵卵」（ブラフマーンダ）と表現するようになる。ところがヴィシュヌ教徒は、最高原理（ブラフマン、プルシャ）をヴィシュヌの本質とみなすのである。

梵天がヴィシュヌの臍から生まれたとするこの神話は、ヴィシュヌが梵天よりもはるかにすぐれた神であることを示す目的で作られたものに他ならない。眠っているヴィシュヌは、『リグ・ヴェーダ』の創造神話における「唯一者」（一三八頁参照）であり、最高原理である。最初にこの唯一者に創造せんとする意欲が生ずる。ここまでは『リグ・ヴェーダ』の模倣である。しかし、その時、彼の臍から世界蓮が生じ、彼はそこに入りこむ。これは、最高原理であるヴィシュヌが人格神ともなることを意味する。ヴィシュヌの臍から生じた蓮の上に誕生した梵天はこの現象界を創造するが、この創造はあくまで至高神ヴィシュヌの影響下のもとになされるのである。

（2）例えば『マヌ法典』一・九―一三。この法典で、梵天はナーラーヤナ（那羅延）と呼ばれるが、後にナーラーヤナはヴィシュヌの異名となる。

二　北極星となったドゥルヴァ

梵天の息子マヌには、プリヤヴラタとウッターナパーダという二人の息子がいて、二人とも世界を守護する王となった。

ウッターナパーダ王には、スニーティとスルチという二人の妻がいたが、彼はスルチの方を愛していた。スニーティはドゥルヴァという息子を、スルチはウッタマという息子を生んだ。

ある日、王はウッタマを膝にのせて可愛がっていた。そこでドゥルヴァも父の膝に坐ろうとしたが、父は彼をうけいれなかった。そして、そばにいたスルチが言った。

「お前は私の腹から生まれた子でないから、王さまの膝に乗ってはいけませんよ。」

ドゥルヴァはこの継母の残酷な言葉に傷ついて、泣きながら自分の母のもとに行った。母はわけを知ると悲しく思ったが、気をとりなおして息子に言った。

「わが子よ、他人のことを悪く思ってはなりませぬ。もしあなたがウッタマと同じように坐りたいなら、ヴィシュヌ神の蓮花のような御足を拝みなさい。」

母の忠告を聞いたドゥルヴァは、父の都から出て行った。ナーラダ仙は彼の意図を知ると、彼の頭を手でなでて言った。

「お前はまだほんの子供にすぎぬ。ところが、ヴィシュヌ神の恩寵を得ることは、聖者《ムニ》たちが激しい修行をしても達しがたいことなのだ。無駄な努力はやめなさい。もっと大人になってから励みなさい。」

それを聞くと、ドゥルヴァは答えた。

「私は三界で最も高い境地を望んでいます。私にすぐれた道を教えて下さい。」

それを聞いたナーラダ仙は喜んで少年に告げた。

「それこそ母上に言われた道である。ヤムナー川の岸に行き、ヴィシュヌ神が常にましますマドゥヴァナの森で、かの神について瞑想しなさい。」

そしてナーラダ仙は彼に秘密の真言（マントラ）を授けた。

「オーム・ナモー・バガヴァテー・ヴァースデーヴァーヤ。」

ナーラダ仙の教えを受けて、ドゥルヴァはマドゥヴァナに行った。

ナーラダ仙はウッターナパーダ王の都を訪問した。王は、スルチに操られてわずか五歳の子供につらくあたり、都から追い出したことをひどく後悔して、ドゥルヴァの行方を心配していた。ナーラダ仙は、「あなたの子供は神に守られ、彼の名声は世に広まるであろうから、嘆くにあたらない」と言って王を慰めた。

一方、ドゥルヴァはマドゥヴァナに行き、激しい修行をしながらヴィシュヌ神について瞑想していた。五ヶ月たつと、ドゥルヴァは一本足で棒のように不動に立ち、最高者について精神を集中した。彼の苦行の発するエネルギーにより三界は振動した。神々は恐れてヴィシュヌ神に救いを求めた。ヴィシュヌは「恐れるに及ばぬ」と言って彼らの恐怖をとり除いてから、ガルダ鳥に乗ってマドゥヴァナに行き、ドゥルヴァの前に姿を現した。ヴィシュヌが合掌する彼の頰にほら貝（ヴィシュヌの持物の一つ。知識と弁舌の能力を象徴する）で触れると、ドゥルヴァはヴィシュヌの讃歌を滔々《とうとう》と唱えた。(3)

満足したヴィシュヌは、彼に至高の場所、他の星々がそれを中心としてまわる位置を授けてやった。こうしてドゥルヴァは北極星となったのである。（『バーガヴァタ・プラーナ』四・八―九）

次にいよいよヴィシュヌの十化身に関する神話に移る。

（3）今日でも、若者がこのドゥルヴァの歌を唱えると、知識を得て学問の道を成就することができると信じられている。

三　ヴィシュヌの化身（アヴァターラ）

（一）　猪となったヴィシュヌ

その時、大地は水中に没したままであった。梵天の息子マヌは、大地を水の上にもち上げてくれるようにと梵天に頼んだ。梵天はいろいろと熟考したがよい考えが浮かばず、自分を生み出したヴィシュヌ神に祈念した。すると突然、彼の鼻孔から親指ほどの大きさの猪の子供が出て来た。

その猪は見る見るうちに山のように巨大な姿となった。そして、梵天をはじめとする神々が驚いていると、その猪の姿をとったヤジュニャ・プルシャ（ヴィシュヌ）は、大声で咆哮すると、水中に飛びこんで、その牙で大地を救い上げた。

その時、悪魔（ヒラニヤークシャ）が棍棒を持って猪の姿のヴィシュヌに襲いかかった。この悪魔はかねがねヴィシュヌに敵意を持っていたのであった。(4) しかし、ヴィシュヌは何の苦もなくその悪魔を殺してしまった。（『バーガヴァタ・プラーナ』三・一三）

猪となったヴィシュヌ　バーダーミー第２窟

ブラーフマナ諸文献は、インドラが猪を弓で射て殺したことを伝え、その神話の萌芽はすでに『リグ・ヴェーダ』の各所（一・六一・七、八・六九・一四、八・七七・一〇など）にみられる。ヴェーダ諸文献における猪は、エームシャ、エームーシャなどと呼ばれている。祭祀であるヴィシュヌはインドラに派遣されて、石で作った二十一の砦のかなたにあった、アスラたちの財宝（祭祀）を保持する猪をインドラにもたらした。インドラは猪を殺した。こうして、ヴィシュヌ（祭祀）はアスラたちから祭祀を奪って神々にもたらしたとされる（辻直四郎『古代インドの説話』一六九―一七二頁）。

この神話は、アーリヤ人たちが先住民の祭祀を自己の祭祀の中にとり入れたことを暗示するものであろうか。ここでアスラというのは先住民を指し、ヴィシュヌはアーリヤ人の祭祀、猪は先住民の有するすぐれた祭祀を象徴していると考えられる。祭祀であるヴィシュヌが祭祀である猪を奪ったのは、アーリヤ人が自己の祭祀のうちに先住民の祭祀を吸収したことを意味する。ヴィシュヌ＝祭祀＝猪であるから、後に猪がヴィシュヌの化身とみなされるにいたる遠因がここに存すると思う。なお、F・B・カイペルがこの神話の起源をプロト・ムンダの伝承に求めたことについては、辻博士の要約（『古代インドの説話』一七二―一七三頁）を参照されたい。

猪が大地を救い上げるというモチーフは、『シャタパタ・ブラーフマナ』（一四・一・

二・一一）に見出される。そこでは、エームーシャという猪が大地を救い上げ、彼はプラジャーパティ（造物主）であったと述べられている。また、『タイッティリーヤ・アーラニヤカ』（一・一〇・八）には、千の腕を持つ黒い猪が大地を持ち上げたと説かれている。大地が水中に没していたというのは、太初には陸はなく海のみであったとする原始的思考を反映している。大地を押し上げて陸とし、人類などの生活の場を作った原初の猪は、まさしくプラジャーパティ（造物主）と考えられた。梵天がプラジャーパティとされる場合には、この猪は梵天の化身と説かれたこともあった。しかし、ヴィシュヌ信仰が絶頂に達すると、猪をヴィシュヌの化身とする説が定着したのである。

（二）人獅子となったヴィシュヌ

魔王ヒラニヤカシプは、兄弟のヒラニヤークシャが猪に化身したヴィシュヌ神に殺されたことをうらみ、復讐を誓った。彼は無敵となることを望んで、マンダラ山の洞窟で激しい苦行を行なった。その苦行より生じた炎のために世界中が苦しんだので、神々は梵天のもとに庇護を求めた。そこで梵天は、苦行をやめさせるために、ヒラニヤカシプの望みをききとどけることにした。ヒラニヤカシプの身体はほとんど蟻に食い尽くされそうになっていたが、梵天は彼に聖なる水をかけて、元通りの身体にしてやった。彼は口を極めて梵天を称讃し、その願望を述べた。

「あなたが創造した者たちによって、私が殺されることのないように！　いかなる武器によっても……。人間によっても、獣によっても、神々や阿修羅（アスラ）や大蛇たちによっても、殺されることのないように！」

梵天はその大それた望みをすべてかなえてやった。

こうして梵天に望みをかなえられた魔王ヒラニヤカシプは、いよいよヴィシュヌ神に対する復讐を開始し、三界を征服して、ヴィシュヴァカルマンに造られた大インドラの宮殿を住居と定めた。神々がヴィシュヌ神のところに行って苦境を訴えると、ヴィシュヌは近い将来にヒラニヤカシプを誅殺することを約束した。

ところで、魔王ヒラニヤカシプには四人の息子がいた。そのうち、プラフラーダという子はすぐれた徳性をそなえ、敬虔なヴィシュヌ信者であったので、父は彼を憎んでいた。父は二人の教師をつけて彼を洗脳しようとしたが、彼のヴィシュヌ信仰を捨てさせることはできなかった。そこで怒った父は、裏切り者を殺せと阿修羅たちに命じた。阿修羅たちが槍で彼のすべての急所を傷つけようとしても、最高ブラフマン（最高原理としてのヴィシュヌ）に専心している彼を殺すことはできなかった。父はその他のありとあらゆる手段を用いて彼を殺そうと企てたが、ことごとく失敗に終わった。そこで教師たちにプラフラーダを教育させようとした。しかし彼はかえって阿修羅の子弟たちを感化してしまった。怒ったヒラニヤカシプは、いよいよ自ら息子を殺す決意を固めた。彼は剣をつかんで玉座から立ち上がり、その拳で柱をたたいた。するとその内部から恐ろしい音響が聞こえ、そこからハリ（ヴィシュヌ）神が出現した。ヴィシュヌ神は、人間でも獣でもない姿、すなわち人獅子（ヌリシンハ、ナラシンハ）の姿をとっていた。ヒラニヤカシプは棍棒や剣を持って人獅子にたち向かったが、人獅子は彼をつかまえ、その鋭い爪でひき裂いてしまった。

神々や半神たちは喜んでヴィシュヌを讃えた。プラフラーダも長々と讃歌を唱えた。満足したヴィシュヌは彼の願望をかなえてやると告げた。そこでプラフラーダは、父の深い罪業がすべて清められるようにと願い出た。ヴィシュヌはその願いをかなえ、

「汝はまさに余の信者たちの鑑《かがみ》である。」

と告げた。（『バーガヴァタ・プラーナ』七・二―一〇）

ヒラニヤカシプは前の話に出るヒラニヤークシャの兄あるいは弟で、カシュヤパ・プラジャーパティとディティの息子である。悪魔たちはディティから生まれたので、ダイティヤ（「ディティの息子」の意）と呼ばれるのである。

人獅子となったヴィシュヌ　エローラ第15窟

ヒラニヤカシプは梵天の恩寵により、人間にも獣にも、神々にも魔類にも殺されない身体となる。これで不死身となったと考えたところに彼の誤りがあった。ヴィシュヌは、頭がライオンで身体が人間という、獣でも人間でもない人獅子の姿をとって彼を殺した。ちょうど、羅刹王ラーヴァナが、神々によって殺されないという梵天の恩寵をうけたが、人間のラーマによって殺された話（二一七頁）と同様である。また、ヴリトラ（あるいはナムチ）が、「乾いたもの湿ったものによって、昼においても夜においても、自分を殺してはならぬ」という条約をインドラと結びながら、黎明に、水泡により殺された話（二一六―二一八頁）も、これとほぼ同じモチーフである。

完璧だと思われる予言を受けるが、そこに何かの落とし穴があり、最後に逆転の死が待ちかまえている。女から生まれた人間には殺されぬと魔女に保証されたマクベスは、マクダフが、生まれる先に、月たらずで母の胎内から出されたことを知ると絶望して叫ぶ。「あのいかさまの鬼婆め、もう信用しないぞ、このおれをことごとに二重の羂に引掛け、約束は言葉どほりに守りながら、最後にはまんまと裏をかく」（福田恆存訳）

ヒラニヤカシプの息子のプラフラーダは敬虔なるヴィシュヌ信者であった。プラフラーダの名は『バガヴァッド・ギーター』（一〇・三〇）に見える。クリシュナ（ヴィシュヌ）は告げる。

「私は悪魔（ダイティヤ）のうちのプラフラーダである。」

ここでは、プラフラーダは、クリシュナ（ヴィシュヌ）の力と威光の示現（vibhūti）であるとされる。このプラフラーダがヴィシュヌの人獅子神話の中にとり入れられて、ついにこの物語の主役となったものである。

（三）　亀となったヴィシュヌ

神々とアスラたちが不死の霊薬アムリタを得るために、マンダラ山を攪拌棒に用い、大蛇ヴァースキをそれに巻きつけて大海を攪拌した時、マンダラ山はその重みによって次第に海底に沈み始めた。神々やアスラたちがあわてふためいていると、ヴィシュヌ神はそれを見て巨大な亀の姿をとり、大海に飛びこんでマンダラ山をその背中で支えた。神々とアスラたちは大いに喜び、元気を出して再び大海を攪拌し始めた。（『バーガヴァタ・プラーナ』八・七）

『マハーバーラタ』にある大海の攪拌の神話は第二章第一話で紹介した。ただしそこでは、亀はアクーパーラという名でヴィシュヌの化身とはされなかった。しかし、『ラーマーヤナ』においては、すでにヴィシュヌが亀となったことが説かれているが、それについても

第一話の解説（八〇—八六頁）で言及した。『バーガヴァタ・プラーナ』において、海中から猛毒ハーラーハラが生じ、シヴァがそれを飲んだというエピソードが伝えられているが、それも『ラーマーヤナ』中の話と同じである。『バーガヴァタ・プラーナ』（八・八）には、猛毒にひき続いて海中から出現したものが列挙されている。

牝牛（スラビ）——聖仙たちがそれを受けとり、アグニホートラ祭に供物として用いるハヴィス（clarified butter）をそれから得た。

白馬ウッチャイヒシュラヴァス——魔王バリがこの馬を望んだ。この馬の色に関してカドゥルーとヴィナターが論争したことについては第二章第二話（八六頁）を見よ。

象王アイラーヴァタ——インドラの乗物。また、八つの方角を守る「方位象」（dig-gaja, diṅnāga）の一つとされ、東方を守るとされる（インドラも東方の守護神）。

宝珠カウストゥバ——ヴィシュヌがそれを望み、装身具として胸に懸けた。

パーリジャータ樹——天界を飾る如意樹。

アプサラス（天女）たち

シュリー（吉祥天女）——すべての者たちがこの美しい女神を望んだが、彼女はヴィシュヌ神を夫として選んだ。

ヴァールニー女神——ヴァルナ（水天）の娘。酒の女神（スラー・デーヴィー）。ヴィシユヌの命によりアスラたちが受けとる。

ダヌヴァンタリ神――アムリタ（甘露）に満ちた壺を手に持つ。アーユル・ヴェーダ（医学）の創始者。

かくて神々とアスラの間にアムリタ争奪戦が起こり、ヴィシュヌが美女に化けてアスラたちを惑わし、また悪魔ラーフの首を切る話は、『マハーバーラタ』とほぼ同じである（八四頁参照）。

なお、『シャタパタ・ブラーフマナ』において、造物主が亀となって一切生類を造ったという神話については、第一話の解説（八六頁）を見ていただきたい。

（四）　朱儒となったヴィシュヌ

ヴィローチャナの息子である魔王バリは、インドラと戦って敗北したが、ブリグ族の弟子となって彼らを敬ったので、ブリグ族は天界を征服しようと望む彼に、ヴィシュヴァジット（一切征服）という祭祀を執行させた。こうしてバリは無敵となり、天車に乗り魔軍をひきいて、インドラの都（アマラーヴァティー）を攻撃した。神々の師ブリハスパティは、目下のところ敵はこのうえなく強力であるから、都から退避すべきであると勧告した。

そこで神々はブリハスパティの言葉に従った。バリはインドラの都に入り、三界（天界・地上・地底界）を支配した。ブリグ族は喜んで、彼に馬祭（アシュヴァメーダ）を行なわせ、彼の名声は三界に広まった。

神々の母であるアディティは嘆き悲しみ、夫のカシュヤパ仙に、子供たちが再び栄光をとりもどせるようにと嘆願した。カシュヤパは彼女に、ヴィシュヌ神を崇拝せよと教えた。(5) そこでアディティは夫の言葉に従って、誓戒を守りヴィシュヌ神にひたすら帰依した。

ヴィシュヌ神はアディティの願いをききいれ、神々しい朱儒（ヴァーマナ）の姿をとって、カシュヤパとアディティの息子として生まれた。彼はバリの祭場に出かけて行った。バリは魅力的な朱儒の姿を見て喜んで歓迎し、何でも望みのものを与えると約束した。すると朱儒は、自分が三歩で歩けるだけの土地を下さいと要求した。バリは、三界の王である自分に子供っぽいことを頼むものだと思い、大陸を与えることもできると言ったが、朱儒はあくまで三歩で歩けるだけの土地がほしいと主張した。バリが承知すると、彼の師であるウシャナス（シュクラ）は、朱儒がヴィシュヌであることに気づき、要求をいれるべきではないと忠告した。しかしバリは、いったん約束したことを破ることはできないと言って、朱儒の要求をききいれた。その瞬間、朱儒は三界にわたる巨大な姿をとり、第一歩で全地上を踏み、第二歩で天界全体を踏みしめたのであった。

悪魔たちはヴィシュヌ神の詐術に対して怒り、武器をとって立ち向かおうとしたが、魔王バリは彼らの空しい抵抗を止めた。王の言葉をきいて、悪魔たちは地底界（ラサータラ）に逃げこんだ。かくてガルダ鳥（ヴィシュヌの乗物）はヴィシュヌの意向をうけ、ヴァルナ神の羂索でバリを縛った。それからヴィシュヌはバリに言った。

「お前は私に三歩で歩けるだけの土地をくれた。しかし私は二歩で地上と天界のすべてを占有してしまった。第三歩目はどこに置いたらよいのか？　お前は約束を果たせなかったのだから地獄へ行け。」

するとバリは答えた。

「私は約束を破りません。あなたの第三歩目を私の頭の上に置いて下さい。あなたが私に下された罰は、すべての人々にとって最も称讃さるべきものです。あなたは悪魔たちにとっても最高の師です。大なる高慢の闇を滅する（智慧の）眼を授けて下さったのだから。」

そして、バリがヴィシュヌの恩寵を受けた祖父のプラフラーダ（二六九―二七〇頁参照）のことを思い出していると、そこにプラフラーダが出現し、孫の迷いを覚ましてくれたヴィシュヌ神に感謝した。するとそこに梵天が登場し、バリの貞節な妻ヴィンディヤーヴァリーの、バリを釈放してくれるようにという嘆願を伝えた。そこでヴィシュヌは、バリは信義を重んずる立派な男であると称讃し、遠い未来世、サーヴァルニ・マヌの時期に、イ

ヴィシュヌの超三界　エローラ第15窟

ンドラ（神々の王）の位につくであろうと予言し、その時期までスタラ（地底界の一つ）に住めと命じたのである。

バリは喜びの涙を流してヴィシュヌ神に礼拝し、神々に別れを告げてから、悪魔たちとともにスタラに行った。プラフラーダの喜びはひとかたならぬものであった。（『バーガヴァタ・プラーナ』八・一五―二三）

『リグ・ヴェーダ』において、ヴィシュヌは全宇宙を三歩で闊歩したと讃えられている（一・二二・一六―一八、一・一五四・一―六、その他）。彼の大いなる三歩の中に、一切万物は安住し、彼の最高歩（最高天）には蜜の泉があるという。これは、太陽が東の地平から出て、中央に達し、再び西の地平に没することを神話化したものであろう。この太陽の規則正しい運行のうちに、万物は日々の生活をつつがなく営めるのである。

また、『シャタパタ・ブラーフマナ』（一・二・五・五）には、「ヴィシュヌは朱儒であった」と説かれている。プラーナ文献に登場するヴィシュヌは、『リグ・ヴェーダ』の闊歩者ヴィシュヌの特徴と、ブラーフマナの朱儒ヴィシュヌの特徴とをあわせ持っている。このヴィシュヌの朱儒化身（ヴァーマナ・アヴァターラ）は、また、超三界（トリ・ヴィクラマ、「三歩の偉大な闊歩」の意）化身とも呼ばれている。

（五）　魚となったヴィシュヌ

前のカルパ（劫）の終わりに、創造者ブラフマー（梵天）は一時的に休息して、全世界は海におおわれていた。その時、眠っている梵天の口から出たヴェーダを、魔王ハヤグリーヴァ（馬頭）が盗んだ。ヴィシュヌ神はハヤグリーヴァの所行を知って、シャパリー（大魚の一種）の姿をとった。

その頃、サティヤヴラタという偉大な王仙が苦行を行じていた。現在の大劫（マハー・カルパ）において、彼はヴィヴァスヴァット（太陽神）の息子でシュラーッダデーヴァと呼ばれ、ヴィシュヌ神によってマヌの称号を与えられている。

ある日、彼がクリタマーラー川で水の供養（祖霊に水を捧げる儀式）をしていると、彼の掌の中に一匹の魚（シャパリー）が入った。彼が水とともにそれを川に捨てようとすると、その魚は、捨てないで下さいと嘆願した。彼はヴィシュヌが魚の姿をとったものとは知らなかったが、それを守ってやることにした。その魚はすぐさま大きく成長したので、次々と容器を換えたが、そのたびに魚は巨大な姿となった。そこで彼はついにそれを海に入れた。彼はこの奇蹟を見て、それがヴィシュヌ神であることを悟った。すると、魚の姿をしたヴィシュヌは言った。

「七日後に全世界は水没する。その時、私が放った巨船が汝のもとに着くであろう。汝はあらゆる種類の草や種を積みこみ、七人の聖仙（七仙。二二五頁参照）とともに、あらゆる生類をともなってそれに乗りなさい。そしてその船を大蛇で私の角《つの》に結びつけなさい。」

とこのように教えて、ヴィシュヌは姿を消した。やがてその予言通りに大洪水が起こって、全世界は水没した。サティヤヴラタは教えられた通りに実行して、船に乗りこみ、大蛇の王（ヴァースキ）によって船を大魚の角に結びつけた。サティヤヴラタがヴィシュヌ神を讃えると、魚の姿をとった神は彼に真理を説いた。

前のプララヤ（帰滅）の終わりに、創造者梵天が起き上がってから、ヴィシュヌ神は悪魔（アスラ）ハヤグリーヴァを殺して、ヴェーダを梵天に返した。そして、サティヤヴラタ王はヴィシュヌの恩寵により真理を悟り、現在のカルパにおけるヴァイヴァスヴァタ・マヌ（「ヴィヴァスヴァットの息子マヌ」の意）となった。（『バーガヴァタ・プラーナ』八・二四）

ブラーフマナ文献における人祖マヌと大洪水の伝説についてはすでに紹介した（四五頁）。ここで注意すべきは、ヒンドゥー教神話において、十四人のマヌが存在するとされることである。梵天の出生から死までの期間をマハー・カルパ（大劫）という。梵天が死ぬ時に大洪水が起こり、宇宙の大帰滅（マハー・プララヤ）が生ずる。梵天の一日がカルパ（劫）である。梵天の一日の終わりにも世界は一時的に帰滅する（avāntara-pralaya)。カルパは十四の部分に分けられ、その十四期の一つ一つに一人のマヌがいるとされる。だから十四人のマヌが存在することになる。それぞれのマヌの生存期間をマヌヴァンタラという。(6) 第一のマヌが梵天（スヴァヤンブー）の息子であるマヌ（スヴァーヤンブヴァ・マヌ）で、第七がヴィヴァスヴァット（太陽神）の息子であるマヌ（ヴァイヴァスヴァタ・マヌ）である。この第七のマヌが現在の世界を支配している。

ここに紹介した物語では、前のカルパの終わりにいたサティヤヴラタという王仙が現在のカルパ（あるいは「マハー・カルパ」とも言っている！）におけるヴァイヴァスヴァタ・マヌの前生であるとしている。一つのカルパ（梵天の一日）の終わりに起こる洪水と、ブラーフマナの洪水伝説とを無理に結びつけた結果、「カルパ」という語がやや曖昧な意味で用いられているのだと思われる。

この『バーガヴァタ・プラーナ』の物語では、大洪水の時、サティヤヴラタ（ヴァイヴァスヴァタ・マヌの前生の名）が助けた魚はヴィシュヌ神の化身であるとする。そして更に、この伝説を、ヴィシュヌがハヤグリーヴァを殺した神話と結びつけている。

ハヤグリーヴァ（「馬の頸を持つ者」の意）は、カシュヤパ・プラジャーパティが妻の一人であるダヌに生ませた悪魔（ダーナヴァ、「ダヌの子」の意）である。ハヤグリーヴァに関する神話は多種多様で錯綜しているが、このプラーナでは、梵天からヴェーダを盗んでヴィシュヌに殺されたとされる。しかし一方では、ハヤグリーヴァをヴィシュヌの化身とみなす説も並存した。そこで後代、ハヤグリーヴァに関する神話を統一する必要が生じ、次のような折衷的な神話が作られた。すなわち、悪魔ハヤグリーヴァは苦行の結果、馬の頸を持つもの（ハヤグリーヴァ）以外の何者にも殺されない身体となった。そこでヴィシュヌは、ある事情で頭を失った時、馬の頸をつけてハヤグリーヴァを殺したという。(7) ハヤグリーヴァは仏教にとりいれられて馬頭観音となった。

（六）ラーマとなったヴィシュヌ

ヴィシュヌ神が英雄ラーマ・チャンドラとなって、妻のシーターを誘拐した羅刹王ラーヴァナをはじめとする悪魔たちを殺した物語は、叙事詩『ラーマーヤナ』の主筋を形成する。『ラーマーヤナ』の内容は、岩本裕訳『ラーマーヤナ』（1）二三九―二五七頁など多くの書に紹介されているから、ここではそれについてこれ以上たち入らないことにする。なお、『バーガヴァタ・プラーナ』（九・一〇―一一）に、簡略化されたラーマの物語がのっている。

（七）パラシュラーマとなったヴィシュヌ

ブリグの末裔であるジャマド・アグニは、レーヌカーと結婚し、数人の息子をもうけた。末の息子がラーマ（パラシュラーマ）であり、ナーラーヤナ[8]（ヴィシュヌ）の化身とされる。彼は二十一回にわたって、地上からクシャトリヤ（王族、武士）を抹殺しようと企てた。クシャトリヤがパラシュラーマに殺されるようになった事情は次のようである。

ある日、武勇の誉れ高いハイハヤ朝のアルジュナ（カールタヴィーリヤ・アルジュナ）王は、森へ狩に出かけ、たまたまジャマド・アグニ仙の隠棲処に入った。聖者《ムニ》は王の一行をカーマ・デーヌ[9]（如意牛）で款待した。王はその牝牛が欲しくなり、従者に命じて、それを仔牛たちとともに力ずくで首都のマーヒシュマティーにつれ帰ったのである。やがてラーマ（パラシュラーマ）が隠棲処に帰り、そのことを知ると大いに怒って、恐ろしい斧を持って都に入った。王は軍勢を送って対抗したが、ラーマは一人で全軍を殺してしまった。ラーマの進むところ、無数の戦士が殺戮されたのであった。そこでハイハヤ国王は自らラーマに挑んだが、ラーマはその斧で王の首を切り落としてしまった。父が殺されると、一万人の王子たちは恐怖にかられて逃げ去った。パラシュラーマは如意牛と仔牛たちをとりもどして父に返した。しかし父は、王を殺した大罪を贖うために聖地巡礼をせよと命じた。

聖地巡礼を終えて帰ったラーマは、ある日、兄たちとともに外出した。ところがその間に、かねてより復讐の機会をねらっていたアルジュナの息子たちが、父のジャマド・アグニ仙を殺してしまった。帰って来たラーマは慟哭して、斧をとってクシャトリヤを全滅させるという決意を固めた。彼はマーヒシュマティーの都へ行き、アルジュナの息子たちを殺し、更に二十一回にわたってクシャトリヤたちを地上から一掃したのである。

パラシュラーマは父の首を胴体につないで聖なるクシャ草の上に置き、ナーラーヤナ（ヴィシュヌ）神を崇拝し、盛大なる犠牲祭を行なった。それから聖河サラスヴァティーで沐浴して自己の罪を残らず清め、雲のない太陽のごとく輝いた。一方、聖者ジャマド・アグニは、息子に供養されて、七仙（二三八頁参照）のうちの第七番目となった。（『バーガヴァタ・プラーナ』九・一五―一六）

これは、パラシュラーマ、すなわち斧（パラシュ）を持つラーマがクシャトリヤに復讐する物語である。パラシュラーマは『ラーマーヤナ』にも登場し、ラーマ王子にその高慢な鼻をへし折られている（一・七四―七六）。

パラシュラーマはブリグ族の聖者ジャマド・アグニの息子である。ブリグ族とクシャト

パラシュラーマとなったヴィシュヌ　ビクトリア・アンド・アルバート博物館

リヤとの間の確執は、アウルヴァの伝説（第二章、第一五話）にもみられる。そういえば、第一五話でブリグ族を虐殺したクシャトリヤたちはクリタヴィーリヤ王の子孫たちである。一方、パラシュラーマ伝説でブリグ族の聖者を苦しめ殺害するのは、カールタヴィーリヤ（クリタヴィーリヤ王の子孫）であるアルジュナである。だからこのパラシュラーマ伝説は、アウルヴァ伝説の後日譚とも考えられるが、むしろ前者が後者の影響のもとに成立したと考えた方がよい。

また、アルジュナ王が如意牛（カーマ・デーヌ）によって歓待され、その牝牛を欲して無理矢理につれ去ったという話は、ヴィシュヴァーミトラ王がヴァシシタ仙の如意牛を奪おうとした話（第二章、第七話）を翻案したものであろう。

（八）　クリシュナとなったヴィシュヌ

『バーガヴァタ・プラーナ』第一〇章には、ヴィシュヌの化身のうち、ラーマとともに最もインド国民に愛されているクリシュナの伝説が述べられている。この伝説は他のものと比較すると格段に長篇で、しかも最も重要であるから、「クリシュナ伝説」として次の章でとりあげることにする。

（九）　ブッダとなったヴィシュヌ

ブッダ（仏陀）の姿をとったヴィシュヌについては、『バーガヴァタ・プラーナ』（一一・四）の最後で、ヴィシュヌの業績を概観する際に、わずかに暗示されているのみである（第二二詩節の一部）。『アグニ・プラーナ』第一六章には次のように説かれている。

悪魔に悩まされた神々を救うために、ヴィシュヌはシュッドーダナの息子として生まれた。彼は悪魔たちを迷わせて、ヴェーダの宗教を捨てさせた。彼らは仏教徒となり、彼らに導かれて他の者たちもヴェーダを捨てた。彼はアールハタ（阿羅漢）となり、続いて他の者たちをもアールハタにした。かくて彼らはヴェーダの宗教を捨てて異端（パーシャンディン）となった。彼らは最低の人々からも布施を受け、地獄（ナラカ）に堕ちるにふさわしい行為を行なった。カリ・ユガ（末世）の最後に、彼らはすべて混合カースト（サンカラ）となるであろう。

（一〇）　カルキとなったヴィシュヌ

カリ・ユガ（末世）の終わり頃、人々が悪しき道徳を守る時、ヴィシュヌはダルマ（正法）を救うためにカルキの姿をとって出現する。

カルキはシャンバラ村のヴィシュヌヤシャスというバラモンの家に生まれる。彼は神々から授かった駿馬に乗り、剣をもって邪悪な連中を成敗する。そして彼は馬で全世界を駆けめぐり、王の姿をとった悪党（ダスユ）どもをみな殺しにする。すべての悪党が殺された時、人々の心は再び清らかになり、それからクリタ・ユガ（黄金時代）が再び始まるのである。（『バーガヴァタ・プラーナ』一二・二）

カルキは未来世におけるヴィシュヌの化身で、剣を持ち白馬にまたがった英雄、あるいは馬の頭を持つ巨人、あるいは単に白馬として描かれる。

カルキの出現は、すでに『マハーバーラタ』に説かれている。

ユガ（世紀）の帰滅の時期に、カルキ・ヴィシュヌヤシャスというバラモンがサンバラ（シャンバラ）村に生まれ、転輪聖王（理想的な帝王）となって、混乱した世をしずめ、バラモンに囲まれて蛮族（ムレーッチャ）の群を一掃する。かくて、「バラモンを優先する世界」がもどり、再びクリタ・ユガ（黄金時代）が到来するというのである。（『マハーバーラタ』三・一八八・八五―九三）

しかし、ここでは、カルキはいまだヴィシュヌの化身とはされていない。

カルキ信仰が盛んになった原因を、回教徒に苦しめられたヒンドゥー教徒たちが救世主の出現を待望したことに帰する説もあるが、『マハーバーラタ』の記述からもわかるよう

カルキとなったヴィシュヌ
ギメ東洋博物館

に、むしろ、往時の主権を再びとりもどしたいというバラモン階級の願望が、カルキというバラモン出身の英雄を創り出したと考えた方がよいであろう。

現実の社会では戦乱が絶えず、武力を持たないバラモンたちはクシャトリヤ階級に従属するしかない。バラモン教を無視するクシャトリヤの専横を抑えるためには、非暴力をたてまえとするバラモンも武器をとらねばならぬのであろうか？　しかし、武器をとったところで、バラモンは非力で、クシャトリヤに武力で対抗できるはずもなかった。そこで、バラモン出身の英雄を待望するようになる。それがカルキであり、前に述べたパラシュラーマなのである。

バラモンにとって、「現在」は末世である。カリ・ユガである。ユガは四期に分けられる。(1)クリタ・ユガ（「円満時」「純善時」百七十二万八千年間）、(2)トレーター・ユガ（「三分時」百二十九万六千年間）、(3)ドゥヴァーパラ・ユガ（「二分時」八十六万四千年間）、(4)カリ・ユガ（「末世時」「争闘時」四十三万二千年間）。これらのうち、第一のクリタ・ユガが最良の黄金時代で、第四のカリ・ユガが最も劣悪な暗黒時代である。この時期には、クリタ・ユガに存在したダルマ（正法）の四分の三が消滅し、戦争・天災・悪習・早死などの不幸が生ずる。現代はこのカリ・ユガである。四種のユガをあわせたものが大ユガ（四百三十二万年）である。千の大ユガをカルパ（劫）といい、梵天の一日にあたる。一日の終わりに梵天が眠りにつくと、世界は一時的に帰滅する。梵天の出生から死までの期間をマハー・カルパ（大劫）という。梵天の寿命は百二十年であるから、四万三千二百カルパ（120×360）にあたる。梵天が死ぬ時に大洪水が起こり、宇宙が帰滅するが、それをマハー・プララヤ（大帰滅）という。[10]

（4） ヒラニヤークシャが大地を水中に沈めていたので、ヴィシュヌがこの悪魔を殺したとする伝承もある。
（5） カシュヤパ仙はプラジャーパティの一人。アディティは彼の妻たちの一人で、アーディティヤ神群の母。
（6） マヌヴァンタラ（Manvantara）については、cf. V. Mani, *Purāṇic Encyclopaedia*, pp. 482—486; D. R. Mankad, "Manvantara-Caturyuga Method," *Annals of the Bhandarkar Oriental Reserch Institute*, XXIII (Poona 1942), pp.271—290.
（7） Cf. V. Mani, pp. 311—312.
（8） ナーラーヤナ（那羅延）は、ブラーフマナ文献に出る曖昧な神格であり、梵天と同一視されることもある（二六一頁の注2）が、後にヴィシュヌと同一視された。
（9） 望みのものをすべてもたらす牝牛。ここではハヴィシュマティーと呼ばれる。
（10） カルパとユガに関する種々の計算については矢野道雄編『インド天文学・数学集』（朝日出版社）三六—三七、三九—四〇頁を参照されたい。

第四章　クリシュナ伝説

序

ヴィシュヌ神の化身とされるクリシュナは、『マハーバーラタ』に登場し、パーンドゥの五王子を助けて大活躍する。特に、その第六巻の第二五章から第四二章に収められた、ヒンドゥー教屈指の聖典『バガヴァッド・ギーター』において、クリシュナが戦いに疑念を抱いたアルジュナ王子を励まして、種々の教えを説いたことは、あまりにも有名である。

このクリシュナは実在の人物とみなされている。辻直四郎博士は、クリシュナと彼を信奉する宗徒であるバーガヴァタ派について、次のように述べられている。

クリシュナはなかば遊牧に従事していたヤーダヴァ族の一部ヴリシュニ族に生まれた。父はヴァスデーヴァ、母はデーヴァキーという名であった。最古のウパニシャッドの一つである『チャーンドーギヤ』(前六〇〇年頃)に、デーヴァキーの子であり、ゴーラ・アンギラスの門弟であるクリシュナについて説かれているから、クリシュナの出現は西紀前七世紀以後に置き得ない。クリシュナはバラタ(バーラタ)族の大戦争に参加し、パーンダヴァ軍を助け、アルジュナ王子の御者として決戦に臨んだ。クリシュナはヤーダヴァ族の精神的指導者であり、新宗教の創始者でもあった。それは、その神をバガヴァットと称し、主としてクシャトリヤ(王族)階級のために説かれた通俗的宗教で、実践的倫理を強調し、神に対する誠信の萌芽をも含んでいたと想像される。

クリシュナはその死後、自ら説いた神と同一視されるにいたったようである。この新興宗教は次第に勢力を拡張したので、バラモン教の側もそれを吸収しようとして、バガヴァット(クリシュナ・ヴァースデーヴァ)[1]を太陽神ヴィシュヌの一権化と認めた。やがて、ヴィシュヌが最高神の位置を確保するにおよび、クリシュナ・ヴァースデーヴァは一種族の最高神から向上してバラモン教の主神と同化した。その後さらにウパニシャッドにおける最高原理ブラフマンも、ヴィシュヌ・クリシュナの一面とみなし、バーガヴァタ派のバラモン教化は完成した。クリシュナとヴィシュヌとの一致を示唆する文献の証拠は、少なくとも西紀前四世紀にさかのぼる(『バガヴァッド・ギーター』講談社、三一五—三一八頁より要約)。

辻博士の卓越した推理はなおも続くが、ここでは、人間クリシュナに関する追求はこのあたりで中止して、後代のインド国民に最も愛好された、『バーガヴァタ・プラーナ』におけるクリシュナ伝説を、伝説そのままの形で紹介することにしたい。

（一）　ヴィシュヌ神の降臨

悪魔どもは暴虐な王の姿をとって地上に出現した。大地の女神は彼らに苦しめられ、牝牛に姿を変えて梵天に救いを求めた。梵天はシヴァをはじめとする神々をつれて乳海（第二章、第一話。八三頁参照）の岸に行き、瞑想して最高神プルシャ（ヴィシュヌ神）を崇拝した。梵天は瞑想のうちに天の声を聞いて神々に告げた。

「最高神はヴァスデーヴァの家に生まれるであろう。ヴィシュヌ神の一部分であるアナンタ竜は彼の兄として生まれなさい。天女たちは彼を楽しませるために、（牛飼女として）地上に生まれなさい。聖なるヴィシュヌのマーヤー（幻力）も、主の目的を成就させるために地上に下るであろう。」

マトゥラー市にシューラセーナというヤドゥ族（ヤーダヴァ）の王がいた。その王の息子のヴァスデーヴァは、ウグラセーナ王の娘のデーヴァキーと結婚し、新妻をつれ馬車に乗って自分の都に帰ろうとした。デーヴァキーの兄のカンサが御者をつとめた。道中、何者のものとも知れぬ声がカンサに話しかけた。

「無知なるものよ。デーヴァキーの第八番目の息子が汝を殺すというのに。」

それを聞くと、生来邪悪なカンサは、妹を殺そうとして剣をとり、彼女の髪をつかんだ。ヴァスデーヴァは彼をとめたが聞きいれられず、やむなく、生まれて来る息子をすべて殺してもよいという約束をして、彼にデーヴァキーを殺すことを思いとどまらせた。

やがてカンサは、デーヴァキーとヴァスデーヴァを牢獄に入れ、生まれて来る息子たちを次々と殺した。更に、カンサは自分の父のウグラセーナや、その他のヤドゥ族の王たちをも退けて、自らシューラセーナ国を統治した。彼は阿修羅（アスラ）の王たちと同盟を結び、ヤドゥ族の人々を悩ました。

デーヴァキーの六人の息子が殺された時、ヴィシュヌの一部であるアナンタ竜は、第七番目の息子としてデーヴァキーの胎内に入った。主はヨーガ・マーヤー女神（ヴィシュヌの幻力を神格化したもの）に命じて、その胎児をヴァスデーヴァの別の妻であるローヒニーの胎内に移してしまった。このようにして生まれた子がバララーマである。ローヒニーはナンダの統治するゴークラ（牛飼村）に住んでいた。主は、ヨーガ・マーヤーに、ナンダの妻ヤショーダーの胎内に生まれよと命じた。

主はそのようにはからった後、自ら第八番目の息子としてデーヴァキーの胎内に入った。デーヴァキーは異常な光輝を放った。そこで、カンサはいよいよヴィシュヌが自分を殺すべく彼女の胎内に入ったと知った。しかし、女性、しかも妊娠している妹を殺すことは罪になると考え、子供が生まれて来るのを待っていた。（『バーガヴァタ・プラーナ』一〇・一―二）

（二） クリシュナの誕生

ある夜、ヴィシュヌ神は、東方に昇る満月のように、デーヴァキーの胎内より出現した。その子はヴィシュヌの特徴をことごとくそなえていた。ヴァスデーヴァとデーヴァキーは神を讃えたが、カンサを恐れて、姿を消して下さるようにと嘆願した。すると、幼児の姿をとったヴィシュヌは、自分をゴークラにつれて行き、そして自分の身代りに、ナンダの妻ヤショーダーの娘として生まれたばかりのヨーガ・マーヤー女神をつれて帰るようにと指示した。

不思議なことに守衛は眠りこけ、厳重に錠をかけられた扉は自然に開いた。そこでヴァスデーヴァは神聖なる御子を抱いてナンダの牛飼村に行き、眠っているナンダの妻のかたわらにいた女の子と御子をすりかえて、再び牢にもどり、その女の子をデーヴァキーの寝台に置いた。すると牢はもと通りの状態にもどった。ナンダの妻ヤショーダーの方は、子を生んだ疲れもあって眠りこみ、生まれた子の性別をはっきり憶えていなかったのである。

カンサは子供が生まれたという知らせを聞いて牢に駆けつけた。デーヴァキーは兄に懇願した。

「この子はあなたの姪です。あなたは私の息子たちを皆殺しにしましたが、娘は殺さない

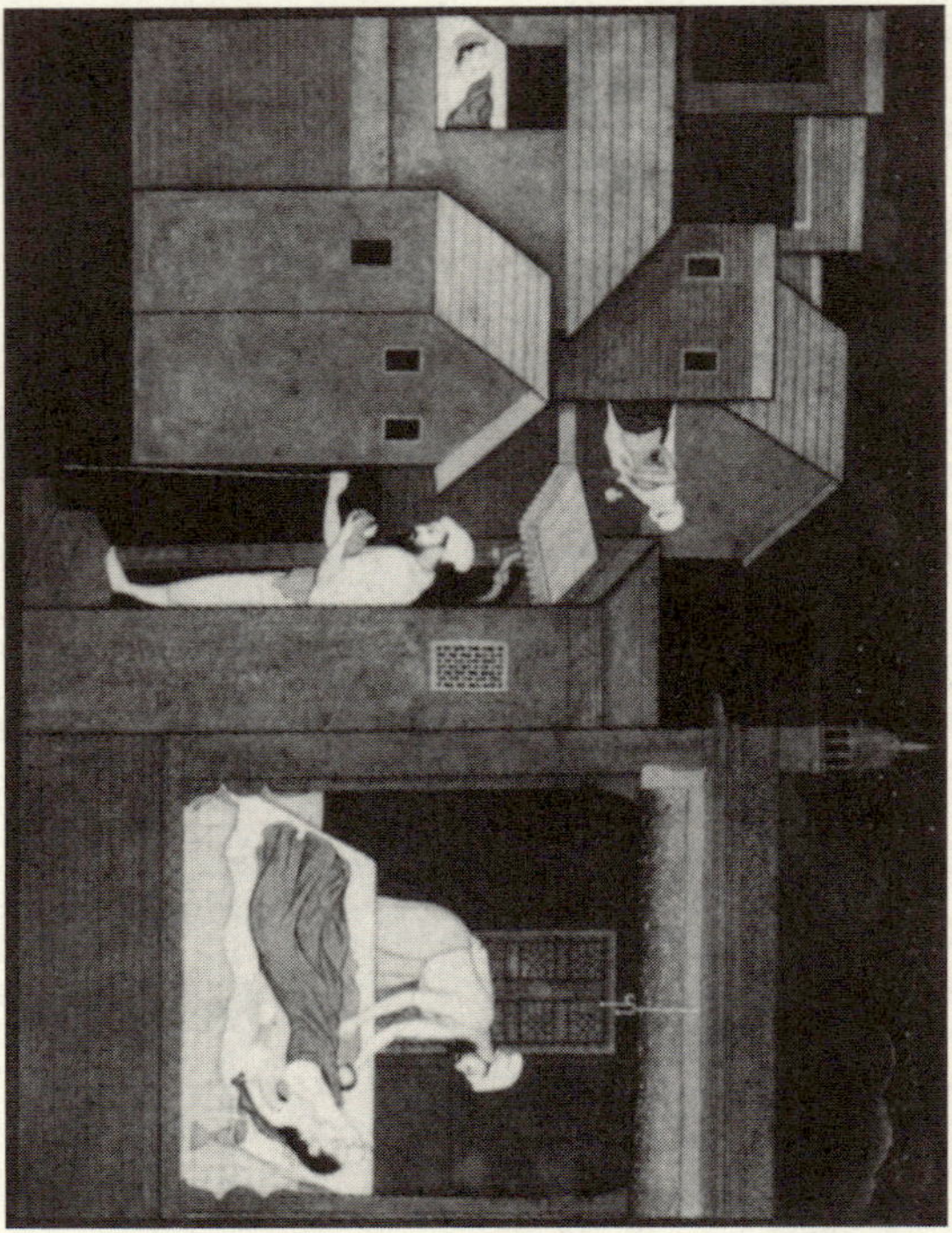

嬰児の交換　カーングラ派

で下さい。」

カンサはそれを無視して、赤児の両足をつかむと、それを石に投げつけた。その赤児（実はヨーガ・マーヤー）は、空に舞い上がると女神の姿を現した。彼女は八本の腕をそなえ、その一本ごとに種々の武器を持っていた。女神はカンサに告げた。

「邪悪なものよ、私を殺して何になる。お前の死をもたらすものは他の場所で生まれている。憐れな人々を苦しめてはならぬ。」

それを聞いてカンサは驚き、デーヴァキーとヴァスデーヴァを解放し、罪もない子供たちを殺したことを後悔して許しを乞うたのであった。デーヴァキーとヴァスデーヴァはうらみも忘れて、快く彼を許してやった。

その夜が明けると、カンサは大臣たちを集めて一部始終を話した。悪魔である大臣たちは、それが本当なら町や村や部落などにいる幼児を皆殺しにしなければならぬと彼に勧めた。更に、ヴィシュヌを体現したものであるところの、苦行者・祭祀執行者・牝牛・バラモン・ヴェーダ・真実・自制・静寂・信仰・憐愍・忍耐・祭式などを滅ぼせば、それによってハリ（ヴィシュヌ）を滅ぼすことができると進言した。邪悪なカンサはこの提案をうけいれ、悪魔たちを派遣して敬虔な人々を迫害した。（『バーガヴァタ・プラーナ』一〇・三―四）

(三) 幼児クリシュナ

ある日、ナンダはカンサ王に年貢を払うためにマトゥラー市へ出かけた。ヴァスデーヴァはナンダの来たことを聞いて彼に会い、二人の息子の様子をたずね、それからゴークラに危険が迫っていると警告した。そこでナンダは急いでゴークラにひき返した。

カンサから派遣されたプータナーという羅刹女(ラークシャシー)が、子供たちを殺しながら各地をまわっていた。ある夜、彼女は空を飛んでゴークラに行き、町の中に入った。彼女は美女に変身して人々を魅了した。牛飼女たちは彼女をシュリー(吉祥天女)ではないかと思ったほどだった。

プータナーはナンダの家で、光り輝く幼児が寝台にいるのを見た。幼児(実はヴィシュヌ)の方は、彼女を羅刹女だと知っていたが、眼を閉じて寝たままでいた。プータナーは猛毒を塗った自分の乳首を幼児にふくませた。ところが、幼児はものすごい勢いで乳首を吸ったので、彼女は正体を現して死んでしまった。牧女たちは羅刹女の巨大で恐ろしい姿と、その胸で無邪気に戯れている幼児を見て恐怖にかられ、幼児の守護を祈って牛の尾を揺り、それから幼児を牛の尿で沐浴させ、牛の蹄のほこりを彼の体にふりかけ、牛糞で彼の身体にヴィシュヌの十二の名前をかきつけて厄払いをした。

羅刹女プータナーを殺すクリシュナ　ウダイプル

やがて幼児の誕生日がおとずれ、ヤショーダーは祝宴の準備でいそがしく働いていた。幼児は母の乳を吸いたかったが、彼女が来ないので大声で泣き、怒って足をばたばたさせて、そばにあった車を遠くまで蹴とばしてしまった。車がぶつかって多くのものがこわれた。ヤショーダーたちは驚いて駆けつけた。そばにいた子供たちが、この幼児が車を蹴とばしたと言ったが、牛飼たちは信ずることができなかった。またある日、ヤショーダーが幼児を膝にのせていると、突然その子が山のように大きくなったので、彼女は驚いてその子を地面に置き、最高神に祈念してバラモンたちを呼びに行った。

ちょうどその頃、カンサに派遣されたトリナーヴァルタという名の悪魔が旋風の姿をとってそこへやって来た。人々が埃のために何も見ることができないでいる間に、旋風は幼児をさらっていった。ところが、幼児を運んで空を飛んでいるうちに、悪魔は幼児の異常な重みに耐えることができなくなり、幼児を放そうとしたが、その子は彼の首にしっかりと抱きついて離れなかった。悪魔はついに地上に墜落し、岩にぶつかって死んでしまった。

またある時、ヤショーダーは幼児に乳を飲ませていた。子供が乳を飲み終わり、母がやさしく笑ってその顔をなぜていると、その子はあくびをした。ところが、ヤショーダーは、その子の口の中に、空・星々・太陽・月・海・大陸・山々など、ありとあらゆる世界を見たのであった。彼女は幼児の口の中に宇宙を見て仰天し、両眼を閉じてしまったものだ。

（『バーガヴァタ・プラーナ』一〇・五―七）

(四)　クリシュナの少年時代

ある日、ヤドゥ族の司祭である大仙ガルガが来て、ナンダの求めに応じ子供たちの命名式を行なった。ローヒニーの息子（実はヴァスデーヴァの第七子）をバララーマと名づけ、ナンダの息子（実はヴァスデーヴァの第八子）をクリシュナと名づけた。やがて成長した二人は逞しい少年となった。特にクリシュナはありとあらゆる悪戯をしでかしてヤショーダーを困らせた。

例えばある日、バララーマや牛飼の子供たちがヤショーダーのところに行って、クリシュナが泥を食べたと言いつけた。彼女がクリシュナをたしなめると、彼はそんなことはしなかったと言って口をあけた。ヤショーダーは彼の口の中に（またもや）全宇宙を見て仰天した。彼女は一瞬、彼がヴィシュヌ神であることを悟るが、主は真理を知った彼女の上に幻力（ヴァイシュナヴィー・マーヤー）を拡げたので、彼女は再び母としての情愛にあふれ、もと通りに彼を息子と思うようになったのである。

ある時、ヤショーダーは凝乳（ダディ）を攪拌しながら、愛情をこめてクリシュナを抱いていたが、彼女がちょっと立ち上がったすきに、クリシュナは凝乳の容器を石で割って、

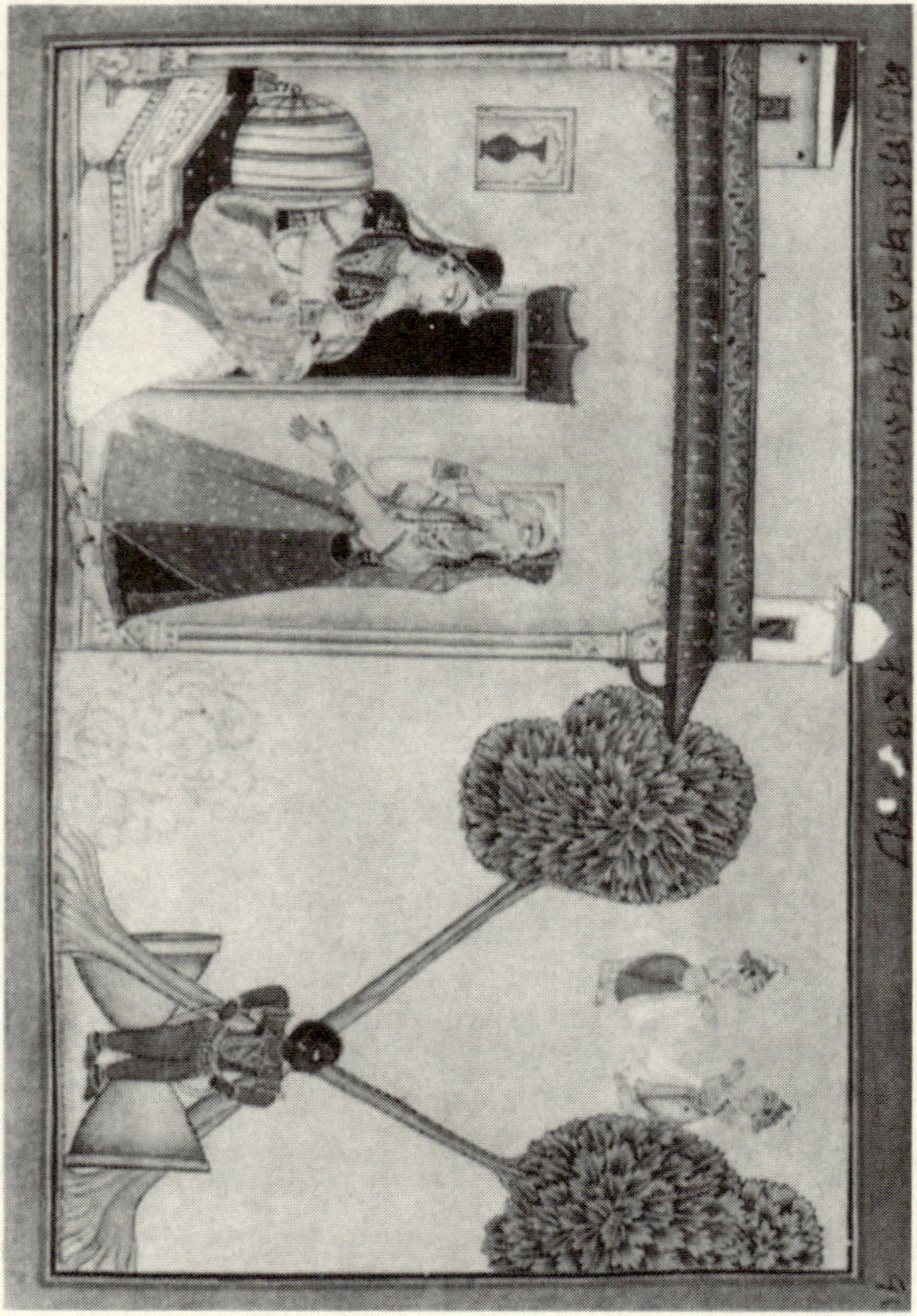

臼をひきずって樹を倒すクリシュナ　マンコット

鳥の悪魔バカのくちばしを裂くクリシュナ　カーングラ派

その中のバターを食べ始めた。もどって来たヤショーダーは、怒ってこのいたずら者を紐で縛ろうとした。しかしその紐は二指ほど短かった。そこで次々と紐を長くしたが、そのたびごとに短かったので、彼女はすっかり当惑してしまった。クリシュナは母が困っているのを見て気の毒になり、紐で縛られてあげた。(2)

こうして、クリシュナは臼に縛りつけられたが、この後で、その臼を引きずって二本の樹を倒し、ナーラダ仙の呪いによって樹に変えられていたクベーラの二人の息子、ナラクーバラとマニグリーヴァとを救ってやった。

その後、ナンダを首長とする牛飼たちは、クリシュナにふりかかる災禍を恐れたウパナンダ老人の勧めに従って、ヤムナー河畔のヴリンダーヴァナの森へ移住した。

ある日、クリシュナとバララーマが仲間とともに仔牛たちを散歩させていると、ある悪魔が二人を殺そうとして、仔牛に化けてそこにやって来た。ハリ(クリシュナ)はすぐにそれと悟り、そ知らぬ顔でその悪魔に近づくと、その後足と尾をつかんでふりまわし、大樹の頂に投げつけた。すると巨大な体の悪魔は、倒れた木もろとも落下して死んだ。

またある時、子供たちが池で仔牛たちに水を飲ませ、自分たちも飲んでいると、バカという名の巨大な阿修羅が、バカ鳥(アオサギの一種)に化けてそこに待ちかまえていた。その鳥はクリシュナを食ったが、呑みこまれたクリシュナは火のように彼の喉を焼き、無傷で出て来た。そしてなおも襲いかかる鳥のくちばしをつかむと、それをやすやすとひき裂いてしまった。少年たちがこの奇蹟をヴラジャ（牛飼村）の人々に語ったので、彼らは驚嘆してクリシュナを讃えた。

更にクリシュナは、大蛇の姿をとったアガという悪魔を殺した。また兄のバララーマは、驢馬の姿をとったデーヌカという悪魔を殺した。（『バーガヴァタ・プラーナ』一〇・八―一五）

（五）　カーリヤ竜を退治する

ヤムナー河畔の湖にカーリヤという竜（毒蛇、コブラ）が住みつき、川の水はその毒の火で煮えたぎり、そこを通る多くの生物は毒風にあたって死んだ。クリシュナはそれを知ると毒水の中に飛びこんだ。カーリヤ竜は怒ってクリシュナに巻きついたが、彼の体がどんどん大きくなるので、苦痛に耐えきれず、ついに彼を放した。そしてこの蛇は怒り狂って鎌首をもたげ、クリシュナを攻撃した。しかし、クリシュナは蛇の鎌首の上にとびのると、そこで踊ったのである。

カーリヤはその内部に宇宙を蔵する彼の重みに耐えかね、口と鼻から血を吹き出して苦しみ、気絶してしまった。彼の妻は悲嘆にくれたが、クリシュナを讃えて夫の命乞いをし

カーリヤ竜の上で踊るクリシュナ
ビクトリア・アンド・アルバート博物館

た。そこでクリシュナがカーリヤを釈放すると、その蛇はやっとのことで息を吹き返し、手をあわせてクリシュナに許しを乞うた。クリシュナは蛇に、この川を離れて海へ去るように命じた。そこでカーリヤ竜は、一族のものたちをひきつれて海の中のラマナカ島へ移住した。かくてヤムナー川は無毒となり、その水は甘露のようになったのである。(『バーガヴァタ・プラーナ』一〇・一六)

(六) 牧女たちの衣服を奪う

このように、クリシュナは多くの奇蹟を現じたが、彼はまたゴーピー(牛飼女)たちのあこがれのまとであった。秋の季節に、彼がヴリンダーヴァナで吹く笛の音色は牧女たちを魅了した。

冬が訪れた。牛飼女たちはカーティヤーヤニー女神に願をかけ、毎朝、ヤムナー川で沐浴し、砂で女神の像を作り、それに花や香や灯明などを供えて、次のように祈った。

「女神さま、ナンダの息子(クリシュナ)が私の夫となりますように、お願い申し上げます。」

ある日、彼女たちは川岸に衣服を脱ぎ捨てて、ヤムナー川で遊び戯れていた。クリシュナはそれを知ると、仲間とともに川岸へ行き、女たちの衣服を奪うと樹の上に登って言った。

「一人ずつでも、みんな一緒でもよい。着物をとりにおいで。」

女たちは恥じらってお互いに笑いあったが、誰も水から上がって来なかった。彼女たちは冷たい水の中に首までつかり、寒さにふるえながら彼をなじった。

「そんな破廉恥なことはなさらないで。みなあなたを誇りにしているのです。着物を返して下さい。私たちはふるえているのよ。あなたの奴隷たちに着物を返して。さもないとナンダ様に言いつけるわよ。」

クリシュナは言った。

「もし俺の奴隷だと言うなら、ここまで来て着物をとれ。さもないと返してやらない。」

そこで女たちは、寒さにふるえ、その恥部を両手で隠しながら、水から出て来た。クリシュナは自分の肩に衣服をかけて、ほほえみながら言った。

「お前たちは全裸で水浴して神を冒瀆した。そこで手をあわせ、頭を下げて拝め。そうすれば着物を返してやる。」

女たちは全裸で水浴した罪を贖うために、命じられた通りにした。クリシュナは可哀そうに思い、女たちに衣服を返してやった。

牛飼女たちはこのように辱められ、ひどいしうちをうけても、それをうらみに思わなか

牧女の衣服を奪うクリシュナ　カーングラ派

った。恋い慕う男と一緒にいられるだけでもうれしかったのである。彼女たちは裸身に衣服をつけ、恥じらいを含んで彼を見つめ、そこから動くことができなかった。クリシュナは女たちの願望を知り、次のように告げた。

「お前たちの気持はよくわかった。かなえてやろう。ただし、私に専念する人々の願望（カーマ）は、（世俗的な）欲望（カーマ）に終わってはならぬ。」（『バーガヴァタ・プラーナ』一〇・二二―二三）

ここで、クリシュナと牧女ラーダーとの恋について一言触れぬわけにはいかない。十二世紀のベンガルの詩人ジャヤデーヴァがこの恋愛を主題とする詩作品『ギータ・ゴーヴィンダ』を著して以来、ラーダーの名前はあまりにも有名になったからである。

ここで問題となるのは、この『バーガヴァタ・プラーナ』には、ラーダーの恋物語が見出されないことである。クリシュナとラーダーとの恋は、すでにハーラの詞華集『サッタサイー』（一、二世紀頃から七世紀にかけて編集される）などのプラークリット語の詩集で言及され、九世紀頃からは周知のものとなっていたのに、それ以後に現在の形が完成したと思われる『バーガヴァタ・プラーナ』の中に、ラーダーの名すら出てこないというのは極めて奇妙なことである。当時のバーガヴァタ派がクリシュナの愛人ラーダーを認めたくない何らかの事情が存在したのかもしれない。この問題については、『ギータ・ゴーヴィンダ』の英訳者であるバーバラ・ミラー女史が詳しく論じているので[3]、興味ある方はそれを参照していただきたい。

（七）　ゴーヴァルダナ山を持ち上げる

牛飼村の人々はインドラ神を崇拝し、犠牲祭の準備をしていた。クリシュナはインドラの高慢をくじくために父のナンダに言った。

「我々森の住人は、いつも森と山のおかげで生活しております。そこで牝牛とバラモンと山（ゴーヴァルダナ山）とを敬って犠牲祭を行ないましょう。」

ナンダをはじめとする牛飼たちはクリシュナの意見に従った。

インドラは自分に対する崇拝がクリシュナによって中止されたことを知って怒り、サンヴァルタカ（「世界を帰滅さすもの」という意）という雲の群を呼んで、牛飼村に大雨を降らせよと命じた。そこで雲たちは、雷をともなう大雨を降らせたので、その地は洪水にみまわれた。牛飼たちは困り果てて、クリシュナに庇護を求めた。そこでクリシュナは、ゴーヴァルダナ山をひき抜いて、それを片手で傘のように頭上にさしかけた。そして、人々に、家畜をつれてその下に避難するように言った。

これを見てインドラは驚嘆し、雨を降らせることをやめた。そこでクリシュナは人々を帰らせ、山をもとの場所にもどした。それ以来、クリシュナに対する人々の畏敬の念はますます強くなった。インドラも降りて来て、自己の高慢を悔い、如意牛（カーマ・デーヌ）の乳によってクリシュナを灌頂し、彼を「牛たちの主」（ゴーヴィンダ）の位につけた。

（『バーガヴァタ・プラーナ』一〇・二四―二七）

（八）　カンサの誅殺

クリシュナはなおも多くの悪魔たちを殺した。カンサ王は彼の出生の秘密を知って怒り狂い、ヴァスデーヴァ夫妻を再び捕えた。それからケーシンという悪魔を呼んで、「クリシュナとバララーマを殺せ」と命じて牛飼村へ派遣した。そしてまた、家臣たちを呼んで命じた。

「チャーヌーラとムシュティカよ、お前たちはレスリングにことよせてクリシュナとバララーマを殺せ。競技場を作り、人々がレスリングを見にくるようにふれを出せ。」

それからカンサは象使いに言った。

「お前は象のクヴァラヤーピーダを競技場の入口に待たせ、それで二人を殺せ。」

そして従者たちに、弓供養（ダヌル・ヤーガ）を行なって、シヴァ神に犠牲獣を捧げよと命じた。(4) それから、ヤドゥ族の長アクルーラ（カンサの親類）に、ナンダの支配するヴラジャ（牛飼村）へ行って、ナンダやクリシュナやバララーマなど、すべての主だった人々を弓供養に招待して、都につれて来るように依頼した。

さて、悪魔ケーシンは巨大な馬の姿をとってクリシュナに襲いかかったが、クリシュナは苦もなくそれを殺してしまった。

一方、アクルーラはナンダの支配する牛飼村に使節として赴いた。カンサの招待をうけて、ナンダはカンサに対する贈物を整えて出発の準備をした。牛飼女たちはクリシュナとの別離を大そう嘆き、最愛の男をつれて行くのにアクルーラ（「残酷でない者」という意）という名は不適切な名前であると難じたものだった。

一行は朝になって出発した。途中、アクルーラはヤムナー川で沐浴しているうちに、ヴィシュヌ神の幻影を見て主を讃えた。彼はまことに敬虔な男であった。

都に入ったクリシュナは、弓供養の行なわれる場所に行き、大勢の人々に守られた巨大な強弓を見た。そして、人々の制止を無視してその弓をつかんでやすやすと持ち上げ、弦をひきしぼってそれを折ってしまった。(5) その強弓の折れた音は四方に響きわたり、カンサはそれを聞いて恐怖に襲われた。弓の番人たちは怒ってクリシュナたちを捕えて殺そうとしたが、クリシュナとバララーマは、二本の折れた弓を持って彼ら（悪魔たち）を殺してしまった。二人は更にカンサの派遣した兵たちをも殺して引きあげた。クリシュナ兄弟の恐るべき力と魅力的な姿を見て、市民たちは彼らが最高の神であることを知った。

カンサは一部始終を聞くと、恐ろしくてその夜は眠れず、種々の悪い前兆を見た。例えば、鏡や水面に映じた自分の像を見ると、胴体に頭がついていないのであった。眠ったとしても、さまざまな悪夢に悩まされた。

翌朝、カンサは競技の開始を命じた。クリシュナとバララーマは太鼓の音を聞いて競技場へ行ったが、その入口で巨象クヴァラヤーピーダの襲撃をうけた。しかし、クリシュナは簡単に象とその番人を殺し、象の両牙を持って、兄とともに競技場に入った。

兄弟は競技場で、チャーヌーラとムシュティカという強大なレスラーに試合を挑まれた。見物していた婦人たちは、花のように華奢な二人の若者と、山のように巨大なレスラーとを対決させることを口々に非難した。しかし、クリシュナはチャーヌーラを、バララーマはムシュティカを、いとも容易にうち殺してしまった。二人は更に挑戦してきた他の悪魔たちをも粉砕した。カンサを除く観客たちは、二人のめざましい働きに喝采した。怒ったカンサは、二人を追放しナンダを捕えヴァスデーヴァと自分の父のウグラセーナをも殺せと命じた。しかし、クリシュナはすぐさま高く跳躍して、カンサの桟敷に達した。カンサは剣と楯をとって抵抗したが、クリシュナの敵ではなかった。クリシュナは彼を競技場に

カンサを殺すクリシュナ　マンコット

ひきずり下ろし、彼の上に飛び乗って殺した。

カンサの八人の弟たちはクリシュナに襲いかかったが、バララーマが鉄棒で彼らを殺した。天空に太鼓が鳴り響き、神々は花の雨を降らせ、天女たちは舞った。殺された悪魔の妻たちは嘆き悲しみ、夫たちがクリシュナに敵対したことをなじるのであった。クリシュナは死者たちの葬儀をとりおこなってから、捕われていた父母を解放した。ヴァスデーヴァとデーヴァキーは、息子たちが宇宙の主であることを知り、尊敬の念から、彼らを抱きしめることもできず、合掌して立ち尽くしていた。(『バーガヴァタ・プラーナ』一〇・三六―四四)

(九) クリシュナの結婚

ヴィダルバ国の王ビーシュマカには、五人の息子と、ルクミニーという娘がいた。ルクミニーはクリシュナの美と力と徳性とを聞いて、彼こそ自分にふさわしい夫と考えるようになった。クリシュナの方も、彼女のもろもろの美点を聞き知って、彼女を妻にしたいと考えていた。

しかし、長兄のルクミンは、クリシュナに対して敵意を抱き、妹をチェーディ国王のシシュパーラに与えようとした。ルクミニーは兄の決心を知ると非常に悲しみ、よく考えた

クリシュナの妻ルクミニー
ヴィジャヤナガラ

末、信頼のおけるバラモンに手紙を託してクリシュナのもとに派遣し、自分を救い出して妻にしてくれるように頼んだ。結婚式は使者の着いた翌日に行なわれることになっていた。クリシュナは車に乗り、わずか一夜でヴィダルバに着き、ルクミニーを奪ってドゥヴァーラカー（当時クリシュナの首都）にひきあげて行った。

途中、クリシュナたちは敵軍の襲撃をうけたが、それを苦もなく蹴ちらした。ルクミンは羅刹婚（略奪結婚）[6]で妹を奪ったクリシュナを憎み、クリシュナを殺して妹をとりもどすまでは帰らぬと誓ってその後を追った。ルクミンは戦いを挑んだが、クリシュナの敵ではなかった。クリシュナはルクミンの武器をことごとく破壊して、彼を射殺そうとした。その時、ルクミニーが兄の助命を嘆願したので、クリシュナは不憫に思い、ルクミンの命だけは助けた。しかし彼を縛り上げ、鋭い刀で彼の髪とひげをそり落とした。

サンカルシャナ（バララーマ）はルクミンのみじめな姿を見て気の毒になり、彼のいましめを解き、クリシュナが彼を辱しめたことをなじって、ルクミニーを慰めた。ルクミンはかろうじて一命をとりとめたものの、屈辱感にうちひしがれた。彼は誓いを果たすことができなかったので都へも帰れず、ボージャカタという都市を建ててそこに住んだ。

かくてクリシュナはルクミニーを自分の都につれ帰り、盛大な結婚式を挙行した。（『バーガヴァタ・プラーナ』一〇・五二―五四）

ルクミニーの兄ルクミンは、後に賭博のうえのいさかいでバララーマに殺される（『バーガヴァタ・プラーナ』一〇・六一）。また、最初彼が妹を嫁がせようと企てたチェーディ国王のシシュパーラは、クリシュナに殺される（『バーガヴァタ・プラーナ』一〇・七四）。クリシュナが悪王シシュパーラを殺す話は『マハーバーラタ』（二・四二）にあり、詩人マーガ（七〇〇年頃）はそれに基づいて叙事詩『シシュパーラの殺戮』（『シシュパーラ・ヴァダ』）を著した。

(10) プラデュムナ

シヴァ神の怒りの炎のために焼かれた愛神カーマ（二四二頁参照）は、クリシュナとルクミニーの息子として再生し、プラデュムナと名づけられた。しかし、プラデュムナが将来自分を殺す敵となることを知った悪魔シャンバラは、生まれて十日目の彼をさらって海に投げこんだ。幼児は大魚に食われてしまった。しばらくして、漁師たちがこの魚を捕えてシャンバラに献上した。料理人たちが魚を切ると赤児が出て来たので、それを（給仕女の）マーヤーヴァティーに渡した。神仙ナーラダはこの幼児に関する一切のことを彼女に話した。このマーヤーヴァティーこそは、前世におけるカーマの妻ラティ（二四三頁参照）

であった。彼女は夫の再生を待って、シャンバラの給仕⑺となっていたのである。彼女はその子供が愛神カーマであることを知ると、愛情をこめて育てた。プラデュムナはみるみるうちに成長して、その美しい姿は女たちのあこがれのまとなった。マーヤーヴァティーは、彼がますます夫に似てくるのを見て、媚びを含んだ態度で接するようになった。彼は彼女が母としての愛情を捨てて、恋人のような様子をとるようになったことをあやしみ、わけをたずねた。そこで彼女は一部始終を語り、彼に偉大なるマーヤー（幻力）を授けた。

かくてプラデュムナとシャンバラとの間に熾烈な戦闘が行なわれたが、プラデュムナはついに利剣をもって悪魔の首を切り落とした。それから彼は、妻となったマーヤーヴァティーをともなって、ドゥヴァーラカーの都へ凱旋した。母のルクミニーの喜びは一通りでなかった。しかしクリシュナは、最初からすべてを知っていたにもかかわらず、沈黙を守っていた。ナーラダ仙が不意に訪れて一部始終を語った時、ドゥヴァーラカーの人々は喜びに沸き返った。（『バーガヴァタ・プラーナ』一〇・五五）

クリシュナの偉業に関する物語はなおも延々と続く。『マハーバーラタ』の主筋をなす大戦争において、彼がパーンドゥ一族を助けてめざましい活躍をすることは有名であり、

『バーガヴァタ・プラーナ』においても詳しく物語られているが、ここではそれについて触れないことにする。

このクリシュナ伝説は、悲劇的な結末を迎える。ヤドゥ族(ヤーダヴァ)の人々は強い酒を飲んで正気を失い、お互いに殺しあいを始め、クリシュナやバララーマにも襲いかかる有様で、とどのつまり全滅してしまう。最後にはバララーマも肉体を捨て、クリシュナ自身もこの世を去る。すなわち、ジャラという猟師が獣と思い誤って射た矢に、急所である足の裏を撃たれて非業の最期をとげるのである。(『バーガヴァタ・プラーナ』一一・三〇)もっとも、非業の最期といっても、『バーガヴァタ・プラーナ』によれば、それもすべて主の神慮によるものであったという。しかしながら、『マハーバーラタ』にもあるこの伝説に、歴史的人物であった英雄クリシュナの悲劇的な死が投影されている、とみることもできよう。

(1) ヴァースデーヴァは、「ヴァスデーヴァの息子」という意で、クリシュナを指す。
(2) そこで彼はダーモーダラ「紐を胴に巻きつけた者」と呼ばれるようになった。
(3) B. S. Miller, *Love Song of the Dark Lord*, New York, 1977, pp. 26—37. 小倉泰・横地優子『ヒンドゥー教の聖典 二篇』(平凡社)参照。
(4) カンサ王がシヴァ神を信仰していることに注目せよ。シヴァ信者であった彼は、ヴィシュヌ教徒により悪王とみなされるようになったと考えられる。

（5） ラーマ王子がシヴァの強弓を折ったエピソード（『ラーマーヤナ』一・六七）を連想させる。

（6） 古代インドの婚姻法の一つ。『マヌ法典』三・三三を参照されたい。

（7） 別の伝承では妻。V. Mani, *Purāṇic Encyclopaedia*, p. 594.

参考文献●本書で参照した文献のうち主要なものに限り、サンスクリット語などの原典は省く

岩本　裕　『ラーマーヤナ』1　平凡社・東洋文庫376　一九八〇年
『仏教説話の源流と展開』開明書院　一九七八年
エリアーデ　堀一郎訳　『永遠回帰の神話』未来社　一九六三年
エリアーデ　風間敏夫訳　『聖と俗』法政大学出版局　一九六九年
大林太良　『神話学入門』中公新書　一九六六年
『世界の神話』NHKブックス　一九七六年
上村勝彦　『屍鬼二十五話』平凡社・東洋文庫323　一九七八年
『バガヴァッド・ギーター』岩波文庫　一九九二年
立川武蔵　菱田邦男他　『ヒンドゥーの神々』せりか書房　一九八〇年
田中於莵弥　『酔花集』春秋社　一九七四年
田中於莵弥　上村勝彦　『パンチャタントラ』大日本絵画　一九八〇年
辻直四郎　『インド文明の曙』岩波新書　一九六七年

『古代インドの説話』 春秋社 一九七八年
『リグ・ヴェーダ讃歌』 岩波文庫 一九七〇年
『アタルヴァ・ヴェーダ讃歌』 岩波文庫 一九七九年
『シャクンタラー姫』 岩波文庫 一九七七年
『バガヴァッド・ギーター』 講談社 一九八〇年
辻直四郎編 『印度』 偕成社 一九四三年
『ヴェーダ・アヴェスター』 筑摩書房 一九六七年
中村 元 『インド集』 筑摩書房 一九五九年
『ヒンドゥー教史』 山川出版社 一九七九年
『インド思想史』第二版、岩波全書 一九六八年
『古代思想』 世界思想史1 春秋社 一九七四年
中村 元編 『仏教語源散策』『続仏教語源散策』『仏教経典散策』 東京書籍 一九七七～七九年
『仏典I』 筑摩書房 一九六六年
服部正明 『古代インドの神秘思想』 講談社現代新書 一九七九年
原 実 『古典インドの苦行』 春秋社 一九七九年
松濤誠達 『ウパニシャッドの哲人』 講談社 一九八〇年
吉田敦彦 『日本神話と印欧神話』 弘文堂 一九七四年
『神話の構造』 朝日出版社 一九七八年
『比較神話学の現在』 朝日出版社 一九七五年

Basham, A. L., *The Wonder That was India*, New York, 1959.
Buitenen, J. A. B. van, *The Mahābhārata*, Vol. 1—3, Chicago, 1973, 1975, 1978.
Dowson, J., *A Classical Dictionary of Hindu Mythology*, London, 1957.
Dumont, P. E., *L'Aśvamedha*, Louvain, 1927.
Gonda, J., *Viṣṇuism and Śivaism*, London, 1970;
The Vision of the Vedic Poets, The Hague, 1963;
A History of Indian Literature, Vedic Literature, Wiesbaden, 1975.
Hopkins, E. W., *Epic Mythology*, (Reprint) Delhi, 1974;
The Great Epic of India, (Reprint) Calcutta, 1969.
Ions, V., *Indian Mythology*, London, 1967.
Macdonell, A. A., *Vedic Mythology*, Strassburg, 1897.
Mani, V., *Purāṇic Encyclopaedia*, Delhi, 1975.
Miller, B. S., *Love Song of the Dark Lord*, New York, 1977.
Raghavan, V., *The Indian Heritage*, Bangalore, 1956.
Stutley, Margaret and James, *A Dictionary of Hinduism*, London and Henley, 1977.

●本書の写真は著者撮影のもの以外は次のものによる

Ions, V., *Indian Mythology*, Paul Hamlyn, London, 1967.
Bussagli, M. & Sivaramamurti, C., *5000 Years of the Art of India*, Harry N. Abrams. Inc,

New York-The Tulsi Shah Enterprise, Bombay, India.
Zimmer, H., *The Art of Indian Asia*, Vol II : Plates, 3rd printing, 1968.
Randhawa, M. S., *Kangra Paintings of the Bhāgavata Purāṇa*, National Museum of India, New Delhi.
Goswamy, B. N., *The Bhāgavata Paintings from Mankot*, Lalit Kalā Akademi.
Marriage of Rishyasringa from the Ramayana, Prince of Wales Museum, Bombay.
その他、平岡昇氏撮影のもの

文庫版あとがき

長年の間、版を重ねた拙著『インド神話』（東京書籍）が、今、筑摩書房より「ちくま学芸文庫」の一冊として出版され、より多くの人々に読まれることは、著者として非常に喜ばしいことである。平成十四年の一月から、拙訳『マハーバーラタ』（原典訳）が刊行され、十一月にその第六巻が出る。この叙事詩の中には実に多くのヒンドゥー教の神々が登場するが、あまりにも厖大な書であるので、一々どのような神であるか解説することができなかった。そこで今、この『インド神話』を学芸文庫として出版することは、『マハーバーラタ』の原典訳を補うために大きな意義があると考える。本書に「マハーバーラタの神々」という副題をつけた所以である。『マハーバーラタ』の原典訳を読まれながら、索引を頼りにして本書を参照したり、本書を読みながら『マハーバーラタ』の原典訳を参照することにより詳しい内容を知ることが可能である。このように『マハーバーラタ』の原典訳と本書は相互に補い合う性格のものである。

しかし、言うまでもなく、本書は独立した書物であり、本書だけを読んで、インドの神々やヒンドゥー教について、原典に則した基礎的な知識を得ることが可能である。

文庫版においては、二十年間で情況が変化した場合、及び若干の不適切な表現や誤植のある場合を除いて、原則として旧版の記述をそのまま再録した。注や参考文献もほぼそのままにした。

私は今、闘病生活を送っている。手術自体は無事にすんだのだが、カテーテルを取る時に色々なトラブルが生じ、結局一度抜いた管を苦労して再び挿入し、三週間ほど待つことになった。その間、病院にずっといるのも気がめいるので、一時退院し、管を抜く日を自宅でひたすら待っている。その間に本書の初校を読んだ。うつうつとした日々が続き、他の書物は一切読む気がしないが、この本だけは楽しみながら再読できた。自分で言うのも何だが、それだけ本書が読みやすく、興味深いということであろう。この書が出版される頃には、私の体調もよくなることと期待している。

本書の刊行を引き受けて下さった筑摩書房、及び編集の労をとって下さった平賀孝男氏に深謝する。

平成十四年十月十四日

上村勝彦《かみむらかつひこ》

追記――その後カテーテルは無事に取れ、目下リハビリに励んでいる。『マハーバーラタ』第六巻も出版された。

133,139,140,143,157,158,171,214,222～224,235～237,256,273,274,283,285,326
ランカー（地名） Laṅkā 157,158,214～216,219～222,224
『リグ・ヴェーダ』 Ṛg-veda 15～19,21,22,26,28,30,31,34～37,40,41,44,45,49,51,61,62,93,96,97,103,112,128～131,137,139,184,248,261,267,279
リグ・ヴェーダの神々 17～34
リグ・ヴェーダの創造神話 34～40
『リグ・ヴェーダ本集』 Ṛg-veda-saṃhitā 17
リシ（聖仙） ṛṣi 15,16
リタ（天則） ṛta 24
竜 nāga 86,94,160,221
レータス（種子，精子） retas 39
ローカ・パドマ Loka-padma 259

282,292
マヌの娘　46
『マヌ法典』　Manusmṛti　154,261,326
マハー・カルパ（大劫）　Mahā-kalpa　280,282,292
『マハーバーラタ』　Mahābhārata　22,46,53,57,68,70～72,76,77,80,84,86,94,96,98,103,110～112,128,130,132,137,143,152,154,163,171,176,177,184～186,191,196,199,200,203,206,211,212,214,218,222～224,232,236,237,255,256,273,289,295,323～325
マハー・プララヤ　Mahā-pralaya　282,292
マーヤー（幻力）　māyā　297
マルト神群　Marut　19,31,54,103
マンダラ山　Mandara　81,84,117,207,255,273
マントラ（真言）　mantra　16,263
水の妖精　47
ミタニ・ヒッタイト条約文　19,22,25
南十字星（──→トリシャンク王）　Triśaṅku　141,143
無に非ず有に非ざるもの　38
ムレーッチャ　mleccha　289
メール山　Meru　80
森の女神　31

ヤ

ヤクシャ　yakṣa　212,220
疫病神　236
夜叉（＝ヤクシャ）　160,212,216,183,220～222,224
『ヤジュル・ヴェーダ』　Yajur-veda　16,41
ヤーダヴァ（＝ヤドゥ族）　Yādava　295,297,325
ヤドゥ族（＝ヤーダヴァ）　297,298,305,317,325
ヤマの王国　31
ヤムナー河　Yamunā　308,309,311,317
唯一者　tad ekam　39,261
ユガ　yuga　291
夜の女神　30

ラ

ラークシャサ（＝羅刹）　rākṣasa　212,220
ラークシャシー（＝羅刹女）　rākṣasī　215,302
ラクシャス（＝羅刹）　rakṣas　214,221
ラサータラ（地底界）　Rasātala　277
ラージャルシ（王仙）　rājarṣi　140
羅刹（＝ラクシャス，ラークシャサ）　rakṣas，rākṣasa　28,110,159,160,212,214～217,220～222,224
羅刹王　71,157,212,214,215,272,283
羅刹婚　322
羅刹女（＝ラークシャシー）　215,302,303
ラマナカ島　Ramaṇaka　311
『ラーマーヤナ』　Rāmāyaṇa　52,70～72,76,77,80,84,86,111,112,

70
パーリジャータ樹　Pārijāta　274
パーンダヴァ（＝パーンドゥー族）
Pāṇḍava　97
『パンチャヴィンシャ・ブラーフマナ』　Pañcaviṃśa-brāhmaṇa
93
『パンチャタントラ』　Pañcatantra
192
パーンドゥー族（＝パーンダヴァ）
324
パーンドゥの五王子　70,295
ピシャーチャ（食肉鬼）　piśāca
217
ピトリ　pitṛ　194
火の神　26
閑な神　dei otiosi　18
ヒンドゥー教　30,31,61,70,212
ヒンドゥー教神話　53,57,238,279,292
風神　31
プシュパカ　Puṣpaka　216,219,222
ブータ（亡霊）　bhūta　216
プータナー　302,303
仏教　61
仏教徒　288
普遍火（アグニ・ヴァイシュヴァーナラ）　Agni Vaiśvānara　28
プラジャーパティ（造物主）　prajāpati　114,214,219,225,248,268,292
プラーナ（呼吸）　prāṇa　40
プラーナ文献　purāṇa　46,57
ブラーフマナ（祭儀書）
brāhmaṇa　16,51,57,97,113
ブラーフマナの神話　44〜58
ブラーフマナの創造神話　40〜44
ブラーフマナ文献　34,36,41,42,44,93,94,97,129,184,281
ブラフマルシ（梵仙）　brahmarṣi
156
ブラフマン　brahman　35,40,42,69,259,261,269,296
ブラフマーンダ　Brahmāṇḍa　261
ブリグ族　Bhṛgu　184,192〜194,196,275,276,285,287
『ブリハド・アーラニヤカ・ウパニシャッド』　Bṛhadāraṇyakopaniṣad
44,112,113
ブール，ブヴァハ，スヴァル
bhūr，bhuvaḥ，svar　41
方位象　dig-gaja（diṅ-nāga）　274
北斗七星（＝サプタルシ）
Saptarṣi　238,285
母神　mātṛ　228〜231,235
北極星（──→ドゥルヴァ）　Dhruva
258,262,264
北方の守護神　213
ほら貝　264
梵仙（ブラフマルシ）　140,218
梵天界　Brahma-loka　160,163
梵卵（ブラフマーンダ）　Brahmāṇḍa　261

マ

『マイトラーヤニー・サンヒター』
Maitrāyaṇī-saṃhitā　34,52,256
マイナーカ山　Maināka　52
マカラ　makara　23,249
マトゥラー市　Mathurā　297,302
マートリ（母神）　mātṛ　228,235
マヌ　Manu　282
マヌヴァンタラ　Manvantara

yuga 291
ドゥヴァーラカー（地名） Dvārakā 322,324
トリ・ヴィクラマ Trivikrama 279
トリクータ山 Trikūṭa 219,221
トリムールティ Trimūrti 69
トレーター・ユガ Tretā-yuga 291

ナ

ナーガ（竜） nāga 160,221
『ナーガーナンダ』 Nāgānanda 94
ナラ王物語 212
ナラカ（地獄） Naraka 288
『ナリニカー・ジャータカ』 Naḷinikā-jātaka 173,175,176
『ナリニー・ジャータカ』 Nalinī-jātaka 176
『鳴神』 177
ナンディニー（牛の名） Nandinī 135
ニシャーダ（猟師，蛮族） Niṣāda 75
ニシャーダ族 87,88,94,141
二大叙事詩 70
日蝕と月蝕 84
乳海 297
乳海攪拌 84
如意牛（＝カーマ・デーヌ） 135,284,287,316
如意樹 274
人獅子（ナラシンハ，ヌリシンハ） Narasiṃha, Nṛsiṃha 256,268〜273
ノアの箱舟 47

ハ

ハイハヤ朝 Haihaya 284
ハヴィシュマティー（牛の名） Haviṣmatī 292
ハオマ haoma 28
バーガヴァタ派 256,258,274,295,296,314
『バーガヴァタ・プラーナ』 Bhāgavata-purāṇa 256,258,259,264,265,270,273,279,281〜283,285,287〜289,296,298,301,305,309,314,316,320,322,324,325
『バガヴァッド・ギーター』 Bhagavadgītā 71,256,272,295,296
バカ鳥 baka 207,307,308
羽衣伝説 51
馬祭（アシュヴァメーダ） 105,107,112,123,171,276
パーターラ（地底界） Pātāla 102,105,163
ハヤメーダ（＝アシュヴァメーダ） hayamedha 123
バラタ族 Bhārata 70,152,295
ハーラーハラ Hālāhala（Hālahala） 86,274
バラモン（祭官） brāhmaṇa 38,94,100,135〜137,140,155,157,193,200,202,212,289,291,304,322
婆羅門（＝バラモン） 138
バラモン教 61,137,291
バラモン殺し 116,123
バラモン出身の英雄 291
『ハリヴァンシャ』 Harivaṃśa

40
スケープゴート　129
スタラ（地底界） Sutala　279
『スッタニパータ』 132
すばる座（＝クリッティカー）
230,235
『スパルナ・アディヤーヤ』
Suparṇādhyāya　94
スパルナ物語（＝スパルナ・アディヤーヤ） 94
スラビ　Surabhi　274
世界守護神　loka-pāla　22,25,214,219
世界蓮（＝ローカ・パドマ） 259,261
千眼者（＝インドラ） Sahasrākṣa 163
双児神　25
造物主（＝プラジャーパティ）
prajāpati　40,69,86,114,214,220,225,248,261,268,275
ソーマ　soma　28,92,93,128,129,137,181〜183,185,275
ソーマ祭　130,187,192
祖霊（＝ピトリ） 34,195
ゾロアスター教　17,28

タ

大海の攪拌　80〜86,207,255,273
大帰滅（＝マハー・プララヤ） 292
大劫（＝マハー・カルパ） 281,292
大洪水　256,281,282,292
大仙（マハルシ） maharṣi　156
大地の信仰　19
大地の女神　18,19
『タイッティリーヤ・サンヒター』
Taittirīya-saṃhitā　52,93,112
『タイッティリーヤ・ブラーフマナ』
Taittirīya-brāhmaṇa　131,268
ダイティヤ（悪魔） daitya　221,270,273
太陽神　30,31
ダエーヴァ　daeva　17
ダーナヴァ（悪魔） dānava　221,283
タパス　tapas　39,100,137
タブー　51,211
ダルバ草　darbha　92,95
地神　18
地底界（スタラ） Sutala　279
地底界（パーターラ） Pātāla
102,105,163
地底界（ラサータラ） Rasātala
277
チヤヴァナ伝説　187
チャンダーラ　caṇḍāla　141
『チャーンドーギヤ・ウパニシャッド』 Chāndogyopaniṣad　295
昼夜の別　34
超三界（＝トリ・ヴィクラマ） 279
ディー（詩的霊感） dhī　15
デーヴァ　deva　17〜19,24
デウス　deus　17
テオス　theos　17
天空　18
天啓聖典（＝シュルティ） 71
天上のガンガー（＝ガンジス） 103
天地開闢　21
天地創造神話　21
天女（＝アプサラス） apsaras
47,49,51,115,143,146,155〜159,166,172,173,176,188,274,297
転輪聖王　cakravartin　94,289
ドゥヴァーパラ・ユガ　Dvāpara-

asvata 98
三ヴェーダ学 trayī 42
三界 tri-loka 159,222
三神一体（＝トリムールティ） 69
三都（＝トリプラ） Tripura 52
三都を破壊するシヴァ 52〜58
サンバラ村 Sambhala 289
サンヒター（本集） saṃhitā 16
三歩の偉大な闊歩 Trivikrama 279
三面のシヴァ像 166
サンモーハナ Saṃmohana 242
シヴァ教 61
『シヴァ・プラーナ』 238
示現 vibhūti 273
地獄 Naraka 288
『シシュパーラ・ヴァダ』 Śiśupālavadha 323
『シシュパーラの殺戮』（＝シシュパーラ・ヴァダ） 323
詩人（聖仙） kavi 39
四姓 catur-varṇa 137
四姓制度 38,137
七仙（＝サプタルシ） Saptarṣi 227,238,281,285
七母神（＝サプタ・マートリカー） 229,236
七母神信仰 236
シビ王物語 203
シビ国 Śibi 104,111
シビ（シヴィ）族 Śibi（Śivi） 197,198
四面のシヴァ 163
四面リンガ 163
ジャイナ教 Jaina 61
『ジャイミニーヤ・ブラーフマナ』 Jaiminīya-brāhmaṇa 98,130,132
『シャクンタラー』 Śakuntalā, Abhijñānaśākuntalam 152,155
シャクンタラー物語 144〜155
ジャータカ Jātaka 171,176,200,203
『ジャータカ・マーラー』 Jātakamālā 203
『シャタパタ・ブラーフマナ』 Śatapatha-brāhmaṇa 42,46,49,93,97,131,185,187,267,275,279
シャバラー（如意牛） Śabalā 139
シャンバラ村 Śambhala-grāma 289
シュヴェータ山 Śveta 227,232,233
十羅刹女 158
朱儒 Vāmana 256,275,276,279
朱儒化身 Vāmana-avatāra 279
シュードラ（従僕） śūdra 37,137
寿命の半分供与 192
シュメール Sumer 47
シューラセーナ国 Śūrasena 298
シュルティ（天啓聖典） Śruti 15
神猿 52
神人結合 211
人身献供 38
水神 31
スヴァーハー svāhā 231
スカンダ・アパスマーラ Skandāpasmāra 231
スカンダの癲癇（＝スカンダ・アパスマーラ） 231
スカンバ（万有の支柱） Skambha

287
ガルダ伝説　93,94
カルパ（劫）　kalpa　282,292
カーレーヤ　Kāleya　99,101,102
ガンガー（ガンジス）の降下
104〜114
ガンダマーダナ山　Gandhamādana　215,216,247
ガンダルヴァ（乾闥婆）　gandharva　47,48,50,110,188,189,216,222
ガンダルヴァ婚　147,148,154
ガンダレーヴァ　gandareva　49
甘露　amṛta, soma　81,83,84,87〜89,91,92
『ギータ・ゴーヴィンダ』
Gītagovinda　314,315
祈禱主神（＝ブリハスパティ）　35
巨人解体神話　38
キンナラ（緊那羅）　kiṃnara　216
キンプルシャ　kiṃpuruṣa　216
苦行　158,176
クシャ草　kuśa　92
クシャトリヤ　kṣatriya
134〜139,147,193,194,212,284,285,287,291,296
クマーラカ　Kumāraka　229
『クマーラ・サンバヴァ』　Kumārasambhava　238,248
『クマーラの誕生』（＝クマーラ・サンバヴァ）　238
クマーラ・ピトリ　Kumāra-pitṛ
229
『雲妙間雨夜月』　177
クリシュナ伝説　255,293〜326
クリタ・ユガ（黄金時代）　Kṛta-yuga　95,218,289,291
クリッティカー（すばる座）
Kṛttikā　230,235,237
クルの百王子　70
化身（＝アヴァターラ）　69
原人　Puruṣa　36
「原人讃歌」（プルシャ・スークタ）
Puruṣa-sūkta　36,38,137
乾闥婆（＝ガンダルヴァ）　110,188,216
劫（＝カルパ）　282,292
ゴーヴァルダナ山　Govardhana
315
洪水伝説　45,47,282
ゴークラ（牛飼村）　Gokula
298,299,302
ゴーピー（牛飼女）　gopī　311
『今昔物語集』　177

サ

財主　214,217
財宝の神　212
財宝の守護者　212
サーヴィトリー　Sāvitrī　30
「サーヴィトリー物語」　191,192,211,212
魚　matsya　45,46,256,280
サガラの息子　105,107,110
酒の女神　Surā-devī　83,274
サットラ祭　sattra　187
サティヤ（真実）　satya　24
サプタ・マートリカー（七母神）
Sapta-mātṛkā　236
『サーマ・ヴェーダ』　Sāma-veda
16,41
サラスヴァティー川　Sarasvatī
96
サラスヴァティーの息子　Sār-

カ

事項索引

ア

『アイタレーヤ・ブラーフマナ』 Aitareya-brāhmaṇa 93
愛の神 249
アヴァターラ（＝化身） avatāra 255,265〜292
『アヴェスター』 Avestā 24,26,31,49,129
暁の女神 30
『アグニ・プラーナ』 Agni-purāṇa 288
悪竜退治 21
アシャ aša 24
アシュヴァッタ aśvattha 49
アシュヴァメーダ aśvamedha 112,114,123,171,276
アスラ（阿修羅） asura 17,24,31,42,52,81,84,98,100,129〜131,142,159,164,183,194,216,217,220,222,225,267,269,270,273,275,298,308
『アタルヴァ・ヴェーダ』 Atharva-veda 16,40
アートマン ātman 42,43
アプサラス apsaras 47,48,49,115,146,156,157,188,275
アフラ ahura 17
アムリタ（甘露） amṛta 30,69,80,84,87,94,95,273,275
アラカー（地名） Alakā 214,222
アーユル・ヴェーダ 275
阿羅漢（＝アールハタ） 288
アーラニヤカ（森林書） āraṇyaka 16
『アランブサー・ジャータカ』 Alambusā-jātaka 99,171,173,176
アーリヤ人（民族） Aryan 15,19,21,53,267
アールハタ ārhata 288
アンギラス族 Angiras 184
イグニス ignis 26
『一角仙人』 177
一角仙人伝説 99,158,166〜177
猪 varāha 256,265,267,268
インド・アーリヤ人 Indo-Aryan 15,21
インド・イラン人 Indo-Iranian 24
インド・ヨーロッパ語族 Indo-European 24
インドラ（神々の王） indra 124,229,277
ヴァイシヤ（実業者） vaiśya 37,137
ヴァイシュナヴィー・マーヤー vaiṣṇavī-māyā 305
ヴァジュラ（金剛杵） vajra 19,20,25,52,89,95,96,99,100,115〜117,129,130,132,183,228
ヴァーダバ Vāḍava 196
ヴァーチュ（言語） vāc 42
ヴァーマナ・アヴァターラ（朱儒化身） Vāmana-avatāra 279
ヴァルナ（種姓） varṇa 137

236
マーヘーンドリー　Māhendrī　236
マヤ　Maya　54,222
マーヤーヴァティー　Māyāvatī　323
マーラ（＝カーマ）　Māra　249
マリーチ仙　Marīci　238
マーリヤヴァット　Mālyavat　220
マーリン　Mālin　220
マールカンデーヤ仙　Mārkaṇḍeya　203,204,207
マルドゥク　Marduck　21
マンドーダリー　Maṇḍodarī　222
マンマタ（＝カーマ）　Manmatha　249
ミスラ　Mithra　25
ミトラ　Mitra　19,25,26,46,103
ムシュティカ　Muṣṭika　316,318,
メーナー　Menā　52,233,239,245
メーナカー　Menakā　52,143,144,146,149,150,155,188,191

ヤ

ヤジュニャ・プルシャ（＝ヴィシュヌ）　Yajña-puruṣa　265
ヤショーダー　Yaśodā　298,299,304,305,308
ヤマ（閻魔）　Yama　31,33,34,46,107,127,189,191,219
ヤミー（ヤマの妹）　Yamī　33,34
ヤヤーティ　Yayāti　186
ユピテル　Juppiter（Jupiter）　18
ユミール　Ymir　38
ヨーガ・マーヤー　Yoga-māyā　299,301

ラ

ラーヴァナ　Rāvaṇa　71,157,158,214〜218,221〜223,272,283
ラクシュミー（＝シュリー）　Lakṣmī　90,246
ラージャシェーカラ　Rājaśekhara　79
羅刹王　214
ラーダー　Rādhā　314
ラティ（カーマの妻）　Rati　241,242,243,323
ラートリー（夜の女神）　Rātrī　30,124
ラーフ　Rāhu　84,85,275
ラーマ　Rāma　69,71,133,158,224,256,272,283〜285,326
ラーマ・チャンドラ　Rāma-candra　217,283
ランバー　Rambhā　155〜158
藍婆（＝ランバー）　158
リシュヤ・シュリンガ　Ṛśya-(Ṛṣya-)śṛṅga　158,166〜171,175,176
ルクミニー（クリシュナの妻）　Rukmiṇī　320〜324
ルクミン　Rukmin　320,322
ルドラ（＝シヴァ）　Rudra　31,52,57,61,104,105,229,232,233
ルドラー　Rudrā　229
ルル　Ruru　187〜191
レーヌカー　Reṇukā　284
ローヒニー　Rohiṇī　298,305
ローマパーダ王　Lomapāda　167,171

159,268〜270,272
ヒラニヤ・ガルバ（黄金の胎児） Hiraṇyagarbha 36
ヒラニヤークシャ Hiraṇyākṣa 265,268,270
プーシャン Pūṣan 30
プシュポートカター Puṣpotkaṭā 215,223
プータナー Pūtanā 302
ブッダ Buddha 69,256,288
仏陀（＝ブッダ） 288
プラジャーパティ（造物主） Prajāpati 36,37,40〜42,51,69,86
プラスティヤ Pulastya 214,215,218,223,224,238
プラデュムナ Pradyumna 249,323,324
ブラフマー（梵天） Brahmā 46,53,61,62,66,69,73,95,105,218,259,260,280
ブラフマダッタ王 Brahmadatta 171,173
ブラフマナスパティ（＝ブリハスパティ） Brahmaṇaspati 35
ブラフマニー Brahmaṇī 236
プラフラーダ Prahlāda 269,273,277
プラマティ仙 Pramati 188,191
プラマドヴァラー Pramadvarā 188,189,190
ブリグ仙 Bhṛgu 111,178,179,188,196,284
プリティヴィー Pṛthivī 18
ブリハスパティ Bṛhaspati 34,120,122,123,125〜127,275
プリヤヴラタ Priyavrata 262
プール Pūru 186
プルシャ（原人） Puruṣa 36,37,43
プルシャ（＝ヴィシュヌ） Puruṣa 259,297
プルーラヴァス Purūravas 47〜49
弁才天（＝サラスヴァティー） 31,32,73,246
遍照者（＝ヴィラージュ） 37
梵天（＝ブラフマー） 46,53,54,69,73,77,80,81,83,84,95,96,103,105,128,139,156,160,161,200,214〜220,223,232,233,234,242,248,258,259,261,265,268,269,277,280〜282,292,297

マ

マイナーカ Maināka 239
マツヤ（ヴィシュヌの化身・魚） Matsya 256
マナシジャ（＝カーマ） Manasija 249
マニグリーヴァ Maṇigrīva 308
マニチャラ Maṇicara 222
マニバドラ Maṇibhadra 222
マヌ（人祖） Manu 45,46,93,196,256,262,265,280,281
マハーカーラ（＝シヴァ） Mahākāla 62
マハーセーナ（＝スカンダ） Mahāsena 228
マハーデーヴァ（＝シヴァ） Mahādeva 55,61,232
マヒシャ Mahiṣa 232,239
マヘーシュヴァラ（＝シヴァ） Maheśvara 61,231,232
マーヘーシュヴァリー Māheśvarī

158,214,308
ナラシンハ（＝ヌリシンハ，ヴィシュヌの化身・人獅子）Narasiṃha 256,270
ナーラダ仙 Nārada 106,239,263,264,308,324
ナーラーヤナ Nārāyaṇa 80,261,262,284,285,292
ナーラーヤナ・ヴァイクンタ Nārāyaṇa Vaikuṇṭha 101
ナリニー Nalinī 176
ナリニカー Naḷinikā 173,174,176
ナンダ Nanda 298,299,302,308,311,315,317
ナンディン（牡牛，シヴァの乗り物）Nandin 62,64,245,252
ナーンハイスヤ Nānhaithya 26
ニーラカンタ（青頸＝シヴァ）Nīlakaṇṭha 62,86
ヌリシンハ（＝ナラシンハ，ヴィシュヌの化身・人獅子）Nṛsiṃha 256,270

ハ

バカ Baka 308
バガ（分配，幸運）Bhaga 25
バガヴァット Bhagavat 296
バギーラタ王 Bhagīratha 103,107,110,112
バーギーラティー（＝ガンガー）Bhāgīrathī 112
パシュパティ（＝シヴァ，獣主）Paśupati 62
馬頭（＝ハヤグリーヴァ）280
馬頭観音 283
ハヌマット（神猿）Hanumat 52
ハヤグリーヴァ Hayagrīva 280,281,282,283
ハラ（＝シヴァ）Hara 61
パラシュラーマ（ヴィシュヌの化身）Paraśurāma 256,284〜287,291
バラタ Bharata 152
バラドゥヴァージャ仙 Bharadvāja 219,224,238
バララーマ Balarāma 298,305,308,309,316〜318,323,325
ハリ（＝ヴィシュヌ）Hari 270,301,308
バリ Bali 274〜277,279
パリクシット王 Parikṣit 208
ハーリーティー（＝鬼子母神）Hārītī 235
ハリマー Halimā 229
パールヴァティー（シヴァの妻）Pārvatī 62,232,236〜240,242〜246,248,249,251
ハルシャ王 Harṣa 94
パルジャニヤ（雨神）Parjanya 31
盤古氏 38
毘沙門天（＝ヴァイシュラヴァナ，クベーラ）Vaiśravaṇa 212,213
毘首羯磨（＝ヴィシュヴァカルマン）36,88,219
ビーシュマカ王 Bhīṣmaka 320
ピターマハ（＝梵天，ブラフマー）Pitāmaha 102
毘紐天（＝ヴィシュヌ）52
ヒマーラヤ Himālaya 52,62,110,233,234,239,244,245,247
ヒラニヤカシプ Hiraṇyakaśip

128～130,137,181～183,187

タ

大黒（＝マハーカーラ，シヴァ） Mahākāla 62
大自在天（＝マヘーシュヴァラ，シヴァ） Maheśvara 61,231
帝釈天（＝インドラ） Indra, Śakra (Sakka) 22,81,88,95,115,116,167,172,173,177,197,200,202,225
ダクシャ Dakṣa 25,225,227,231,239,248
ダシャラタ王 Daśaratha 71,217
ダディーチャ仙 Dadhīca 89,95～99,158,176,187
ダディヤッチ（＝ダディーチャ） Dadhyac 96,97,187
ダヌ Danu 283
ダヌヴァンタリ（神々の医師） Dhanvantari 83,275
ダーモーダラ（＝クリシュナ） Damodara 325
ターラカ Tāraka 53,242
ターラカークシャ Tārakākṣa 53,54
ダルマ Dharma 145
ダルマ・ラージャ（＝ヤマ） Dharma-rāja 189,191
チヤヴァナ Cyavana 178～187,196
チャームンダー Cāmuṇḍā 236
ディティ Diti 270
ディリーパ Dilīpa 107
ティローッタマー Tilottamā 157～159,161～164,166
ディヤウス Dyaus 24
デーヴァキー Devakī 295,297～299,301,320
デーヴァセーナー Devasenā 225,229
ドゥヴァイパーヤナ仙（＝ヴィヤーサ仙） Dvaipāyana 76
トゥヴァシュトリ Tvaṣṭṛ 19,21,96,114,116,117,126,128～131,134
ドゥフシャンタ王 Duḥṣanta 144,147～152
ドゥルヴァ Dhruva 258,262～264
ドゥルヴァーサス仙 Durvāsas 153
ドゥルガー（＝パールヴァティー） Durgā 62,239
トリシャンク王 Triśaṅku 140～143
トリシラス（＝ヴィシュヴァルーパ） Triśiras 115,116
トリタ Trita 129
トリナビンドゥ仙 Tṛṇabindu 218,223

ナ

ナーサティヤ（＝アシュヴィン双神） Nāsatya 19,25,26
ナタラージャ（＝シヴァ） Naṭ-arāja 62,63
ナディー（河川の女神） Nadī 31
ナフシャ Nahuṣa 118,119,122～127,132,133
ナムチ Namuci 131,132,272
ナラ王 Nala 212
那羅延（＝ナーラーヤナ） 261,292
ナラクーバラ Nalakūbara 157,

シヴァー Śivā 227
シーヴァカ Sīvaka 201,202
シヴィ王 Sivi 199
シェーシャ竜 Śeṣa 62,258
シシュパーラ Śiśupāla 320,323
シーター Sītā 71,158,283
シビ（シヴィ）王 Śibi (Śivi) 197,199,200
ジームータヴァーハナ Jīmūtavāhana 94
シャクラ（＝インドラ） Śakra 54,96,98,117,122,123,133,229
シャクンタラー Śakuntalā 144～155,191
シャチー（＝インドラーニー） Śacī 119,122,123,125,128,183
ジャーフナヴィー Jāhnavī 112
ジャフヌ仙 Jahnu 112
ジヤマド・アグニ仙 Jamadagni 238,284,285
ジャヤデーヴァ Jayadeva 314
シャリヤータ王 Śaryāta 184,185
シャリヤーティ王 Śaryāti 178,180,182,185
シャンカラ（＝シヴァ） Śaṃkara 55,61,86
シャーンター Śāntā 170,177
シャンバラ Śambara 323,324
シュクラ（＝ウシャナス） Śukra 186,276
シュッドーダナ Śuddhodana 288
シューラセーナ王 Śūrasena 297
シュラッダー Śraddhā 34
シュラーッダデーヴァ Śrāddhadeva 280
シュリー（＝ラクシュミー） Śrī 69,83,144,274,302
シュリー・ラクシュミー Śrī Lakṣmī 69
聖天（＝ガネーシャ） 62,236,250
水天（＝ヴァルナ） 25,274
スヴァーハー Svāhā 227,229,231,237
スヴァヤンブー（＝梵天，ブラフマー） Svayaṃbhū 259,282
スヴァーヤンブヴァ・マヌ Svāyaṃbhuva Manu 282
スカニヤー Sukanyā 178～185,187,188
スカンダ（＝カールッティケーヤ，韋駄天） Skanda 62,77,224,226～232,234～239,251
スショーバナー Suśobhanā 210
スターヌ（＝シヴァ） Sthāṇu 54
ストゥーラケーシャ仙 Sthūlakeśa 188
スパルナ Suparṇa 89,93,94,111,221
スパルニー Suparṇī 93
スマティ Sumati 111
スマーリン Sumālin 221
スラー・デーヴィー Surā-devī 83,274
スリタ Thrita 129
スーリヤ（太陽神） Sūrya 29,30
スーリヤー Sūryā 25
スルチ Suruci 262,263
スンダ Sunda 159～162
ゼウス Zeus 18,19,196
扇陀（＝シャーンター） 177
ソーマ（酒神，神酒） Soma 21,22,28,34,49,52,55,93～95,116,

ガルダ鳥　Garuḍa　30,86〜94,221,227,228,264,277
ガルディー　Garuḍī　227
カールッティケーヤ　Kārtikeya (Kārttikeya)　235,237,239
迦楼羅（＝ガルダ）　Garuḍa　87
カンヴァ仙　Kaṇva　144〜148,153
ガンガー　Gaṅgā　31,107〜112,233,235,237
カンサ　Kaṃsa　297〜299,301,316〜320
カンダルパ（＝カーマ）　Kandarpa　156,249
鬼子母神（＝ハーリーティー）　235
吉祥天女（＝シュリー・ラクシュミー）　69,83,98,144,246,274,302
クシャ王子　Kuśa　187
クベーラ　Kubera　127,157,212,213,214,216,219,224,308
クマーラ（＝スカンダ）　Kumāra　77,235,238
クリシュナ　Kṛṣṇa　69,249,256,272,273,287,295,296,299,302,303,305〜324
クリシュナ・ヴァースデーヴァ　Kṛṣṇa Vāsudeva　296
クリタヴィーリヤ王　Kṛtavīrya　192,287
グリターチー　Ghṛtācī　188
クールマ（ヴィシュヌの化身・亀）　Kūrma　256
クンバカルナ　Kumbhakarṇa　215,221
クンバヨーニ（＝アガスティヤ）　Kumbhayoni　103
ケーシニー　Keśinī　111
ケーシャヴァ（＝クリシュナ）　Keśava　256
ケーシン（悪魔）　Keśin　225
ケーシン（馬の姿の悪魔）　Keśin　316,317
ゴーヴィンダ（＝クリシュナ）　Govinda　316
金翅鳥（＝ガルダ）　87

サ

サーヴァルニ・マヌ　Sāvarṇi Manu　277
サヴィトリ（鼓舞者）　Savitṛ　30
サーヴィトリー　Sāvitrī　191,212
サガラ王　Sagara　104〜107,110〜112
サッカ（＝シャクラ，インドラ）　Sakka　172,200
サティー　Satī　239,248
サティヤヴァット　Satyavat　191
サティヤヴラタ仙　Satyavrata　280〜282
サハスラパート仙　Sahasrapāt　190
サーラスヴァタ　Sārasvata　98
サラスヴァティー（弁才天）　Sarasvatī　31,32,73〜77,79,132,246
サルヴァダマナ　Sarvadamana　148
サンカルシャナ（＝バララーマ）　Saṃkarṣaṇa　322
シヴァ　Śiva　31,53〜57,61〜63,69,77,86,104,105,110,112,125,139,162,163,165,166,214,221,232〜240,242〜249,251,252,255,274,297,316

ヴィナター　Vinatā　87,93,94,111,227,274
ヴィバーンダカ　Vibhāṇḍaka　166
ヴィビーシャナ　Vibhīṣaṇa　215,217,221
ヴィヤーサ仙　Vyāsa　67,70,76
ヴィラージュ（遍照者）　Virāj　37
ヴィローチャナ　Virocana　275
ウグラセーナ王　Ugrasena　297,298,318
ウシーナラ　Uśīnara　197,200
ウシャス（暁の女神）　Uṣas　30
ウシャナス　Uśanas　74,186,276
ウッターナパーダ王　Uttānapāda　262,263
ウッタマ　Uttama　262
ウパシュルティ　Upaśruti　124
ウパスンダ　Upasunda　159〜162
ウマー（＝パールヴァティー）　Umā　62,229,232〜234,239,242
ヴリトラ　Vṛtra　19,21,22,95,96,99〜101,116〜118,126,130〜132,272
ヴリトラを殺す者（＝インドラ）　Vṛtrahan　19
ウルヴァシー　Urvaśī　47〜49,51,103,157,166,211
エーカ・シュリンガ（＝一角仙人）　Ekaśṛṅga　176
エーカダンタ（＝ガネーシャ）　Ekadanta　249
エームシャ　Emuṣa　267
エームーシャ　Emūṣa　267,268
閻魔（＝ヤマ）　31,107,189

カ

カイカシー　Kaikasī　221,223
カウシカ仙（＝ヴィシュヴァーミトラ）　Kauśika　146
ガウタマ仙　Gautama　133,134
カウマーリー　Kaumārī　236
ガウリー（＝パールヴァティー）　Gaurī　62,77,79
カーキー　Kākī　228
カシュヤパ仙　Kaśyapa　87,166,238,276,292
カーシュヤパ仙（カンヴァ）　Kāśyapa　144,147
カーシュヤパ仙（一角仙人の父）　Kāśyapa　166,167,170,176
カシュヤパ・プラジャーパティ　Kaśyapa-prajāpati　270,282
カドゥルー　Kadrū　87,93,274
ガナパティ（＝ガネーシャ）　Gaṇapati　249,252
ガネーシャ（聖天）　Gaṇeśa　62,236,249,250,251
カピラ仙　Kapila　106,107
カーマ　Kāma　156,241,242,243,249,323,324
カマラークシャ　Kamalākṣa　53,54
カーリダーサ　Kālidāsa　58,79,152,154,155,238
ガルガ　Garga　305
カルキ（ヴィシュヌの化身）　Kalki　256,288〜291
カルキ・ヴィシュヌヤシャス　Kalki Viṣṇuyaśas　289
カールタヴィーリヤ・アルジュナ王　Kārtavīrya Arjuna　284

インドラ（帝釈天） Indra 19〜22,24〜26,28,49,51〜52,54,81,84,88〜89,91〜93,95〜103,114〜119,121〜134,137,142,145,146,153,155,160,162,163,167,176,181〜183,187,197,199,219,224,225,228,229,234,235,242,255,267,269,272,274〜277,315,316
インドラデュムナ仙 Indradyumna 204〜207
インドラーニー（インドラの妻） Indrāṇī 119,122,124
ヴァイヴァスヴァタ・マヌ Vaivasvata Manu 281,282
ヴァイシュナーヴィー Vaiṣṇāvī 236
ヴァイシュラヴァナ（＝クベーラ） Vaiśravaṇa 214〜216,219〜224
ヴァサンタ Vasanta 242,243
ヴァシシタ仙 Vasiṣṭha 103,134〜136,139,141,157,225,227,238,287
ヴァースキ竜 Vāsuki 81,84,273,281
ヴァスデーヴァ Vasudeva 297〜299,301,316,318,320
ヴァースデーヴァ（＝ヴィシュヌ・クリシュナ） Vāsudeva 295,296
ヴァーチュ（言語の神） Vāc 31,34
ヴァーマデーヴァ仙 Vāmadeva 211,212
ヴァーマナ（ヴィシュヌの化身・朱儒） Vāmana 256,276
ヴァーユ（風神） Vāyu 41,52
ヴァラーハ（ヴィシュヌの化身・猪） Varāha 256
ヴァーラーヒー Vārāhī 236
ヴァルナ（水天） Varuṇa 19,22〜26,35,46,103,127,219,274,277
ヴァールニー Vāruṇī 274
ヴァールミーキ仙 Vālmīki 71,75,76
ヴィヴァスヴァット Vivasvat 31,46,280〜282
ウィーウァフウァント Vīvahvant 31
ヴィグネーシュヴァラ（＝ガネーシャ） Vighneśvara 249
ヴィシャーカ Viśākha 229
ヴィシュヴァーヴァス Viśvāvasu 188
ヴィシュヴァカルマン Viśvakarman 35,36,88,161,219〜221,269
ヴィシュヴァーミトラ Viśvāmitra 134〜136,138〜146,150,153,155,156,158,212,238,287
ヴィシュヴァルーパ Viśvarūpa 114,115,118,126,129〜132
ヴィシュヌ Viṣṇu 21,30,31,46,47,52,53,55,61,62,65,69,81,83,84,86,89,90,99,101,117,118,123,125,166,217,220,221,255〜290,292,295〜299,301,302
ヴィシュヌヤシャス Viṣṇuyaśas 288
ヴィシュラヴァス Viśravas 214,217,219,223,224
ヴィドゥユンマーリン Vidyunmālin 53,54

神名・人名索引

ア

アイラーヴァタ象（インドラの乗物） Airāvata 128,228,274
アイラーヴァナ（＝アイラーヴァタ） Airāvaṇa 134
アウルヴァ仙 Aurva 194〜196,287
アガスティヤ仙 Agastya 99,102〜103,105,110〜112
アグニ（火神） Agni 26〜28,34,37,41,52,55,123,127,128,187,197,217,229,232,233,237
アクーパーラ（亀王） Akūpāra 81,86,205〜207,273
アクルーラ Akrūra 317
アサマンジャス Asamañjas 106,111
アシュヴィン双神 Aśvin 25,26,97,132,180〜187
アディティ（無拘束） Aditi 25,276
アーディティヤ Āditya 25,41,248,292
アトリ仙 Atri 238
アナンガ（＝カーマ） Anaṅga 249
アナンタ竜 Ananta 81,258,297,298
アーパス（水神） Āpas 31
アハリヤー Ahalyā 119,133,134
アフラ・マズダー Ahura Mazdā 17,24
アーユ Āyu 210
アラニヤーニー（森の女神） Araṇyānī 31
アランブサー Alambusā 98,99,158,172,176
アリヤマン（款待） Aryaman 25
アリシタネーミ Ariṣṭanemi 111
アーリヤー Āryā 229
アールシー Āruṣī 196
アルジュナ（カールタヴィーリヤ） Arjuna（Kārtavīrya） 284〜285
アルジュナ王子（パーンドゥの五王子の一人） Arjuna 295
アルンダティー Arundhatī 227
アンギラス仙 Aṅgiras 227,238,244
アンシャ（配当） Aṃśa 25
アンシュマット Aṃśumat 106,107,111
イクシュヴァーク Ikṣuvāku 104,141
イシ・シンガ Isisiṅga 172〜176
イーシャーナ Īśāna 214
伊舎那天（＝イーシャーナ） 214
イダー Iḍā（Ilā） 47
韋駄天（＝スカンダ） Skanda 62,77,224,226,235
一角仙人──→リシュヤ・シュリンガ，イシ・シンガ 169,176
一切造者（＝ヴィシュヴァ・カルマン） 88
イマ Yima 31
イラヴィラー Ilavilā 219,223

本書は一九八一年三月、東京書籍より刊行された。

ちくま学芸文庫

インド神話《しんわ》――マハーバーラタの神々《かみがみ》

二〇〇三年一月八日　第一刷発行
二〇二五年九月十日　第二十二刷発行

訳者　上村勝彦（かみむら・かつひこ）
発行者　増田健史
発行所　株式会社　筑摩書房
東京都台東区蔵前二―五―三　〒一一一―八七五五
電話番号　〇三―五六八七―二六〇一（代表）
装幀者　安野光雅
印刷所　三松堂印刷株式会社
製本所　三松堂印刷株式会社

ISBN4-480-08730-3 C0114